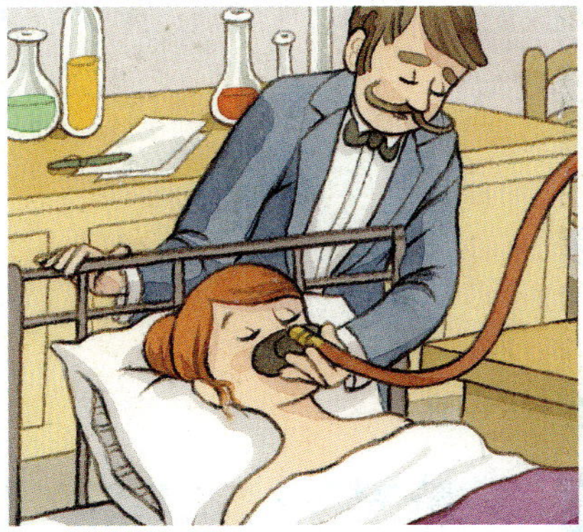

INHALTSVERZEICHNIS

Übersetzung aus dem Französischen
von Elena Wassmann

Titel der französischen Ausgabe:
L'imagerie des inventions
ISBN 3-89717-162-7

10 9 8 7 6 5 4 3 2 1

Printed in France
by *Partenaires-Livres*®
(JL 05-02)

Für Laurine und Luc *M.-L. B. und Ph. S.*

Dein buntes Wörterbuch Erfindungen

Idee:
Emilie Beaumont

Text:
Philippe Simon - Marie-Laure Bouet

Illustrationen:
Colette Hus-David - M. I. A.: Isabella Misso,
Isabelle Rognoni, Sophie Beaujard

FLEURUS VERLAG

TRANSPORT UND FORTBEWEGUNG

DIE ZEIT VOR ERFINDUNG DES RADS

Jahrtausendelang transportieren die Menschen Lasten nur mithilfe der eigenen Körperkraft oder mithilfe von Tieren.

Ihre Jagdbeute tragen die Urmenschen über der Schulter oder an einen Stock gebunden.

Später setzt man Tiere zum Lastentransport ein. In manchen Bergregionen benutzt man noch heute Esel.

Um schwere Steinblöcke zum Bau großer Gebäude herbeizuschaffen, zieht man sie über Baumstämme.

In der Antike wird der Holzschlitten erfunden. Dank seiner Kufen lässt er sich leichter über den Boden bewegen.

DIE ERFINDUNG DES RADS

Ziehkarren gehören zu den ersten Transportmitteln mit Rad. Die Erfindung des Rads ist für die Entwicklung des Menschen sehr wichtig.

Die ersten Räder bestehen aus massiven Holzbohlen. So lassen sich die Karren leichter fortbewegen. In China erfindet man später eine Schubkarre mit Segel, um die Kraft des Windes zu nutzen.

Die Ägypter konstruieren Räder mit Speichen – sie sind leichter als die massiven Holzräder. Dadurch sind ihre Kampfwagen besonders schnell. Um das Holz zu schützen, sind die Räder mit Leder bezogen.

PFERDE VOR KARREN UND KUTSCHEN

Pferde sind schon lange vom Menschen gezähmt, doch bis zum Mittelalter können sie nur leichtere Lasten ziehen.

Das Zuggeschirr ist so konstruiert, dass das Pferd die Last mit dem Hals zieht. Im Mittelalter wird das Kummet erfunden, das den Zug der Lasten auf die kräftigere Brust- und Schulterpartie verteilt. So kann das Pferd auch schwerere Lasten ziehen.

In der Renaissance, im 16. Jahrhundert, reisen die Reichen in schönen Holzkutschen. Da es noch keine Glasscheiben gibt, werden die Fenster mit Vorhängen verschlossen. Die Vorderräder der Kutschen sind nun beweglich. So kann man Kurven besser nehmen!

Um Personen und Waren schneller und in größerer Zahl transportieren zu können, werden Postkutschen und Planwagen von mehreren Pferden gezogen. Die Tiere werden in so genannten Relaisstationen gewechselt.

Dieser Planwagen wird von einem Gespann von zehn Pferden gezogen. Er legt über 30 km am Tag zurück. Seine Räder sind besonders breit, damit er nicht im Schlamm einsinken kann. Der Kutscher läuft neben dem Gespann.

Diese Kutsche aus dem 19. Jahrhundert ist bereits mit einer Federung versehen. Dadurch werden die Fahrgäste auf den holprigen Wegen weniger durchgeschüttelt.

In einigen Großstädten gibt es im 19. Jahrhundert bereits doppelstöckige Omnibusse. Sie transportieren bis zu 40 Fahrgäste. Eine Treppe führt auf das Oberdeck.

DIE EISENBAHN

Um schwere Lasten zu transportieren, erfindet man Wagen, die auf Schienen fahren. Sie werden von Menschen oder Pferden gezogen.

Die Schienen sind zunächst aus Holz, später aus Stahl. Die ersten schienengängigen Wagen sind die Loren in den Minen.

Die erste Dampflokomotive wird 1804 erfunden und erreicht eine Geschwindigkeit von 8 km/h. Der Dampfkessel wird mit Kohle beheizt. Der Dampf treibt Kolben an, die die Räder in Schwung bringen.

Die ersten Zugwagons haben kein Dach.
Die Lokomotiven werden bald schneller und haben mehr Zugkraft:
Die ersten Personenzüge mit Holzwagons werden gebaut.

Die Türen der ersten Personenwagons werden abgeschlossen, damit niemand während der Fahrt aus dem Zug fällt.

Gleise werden bald in jedem Land verlegt. So haben die Züge freie Fahrt.

In der Führerkabine der Lokomotive schaufelt der Heizer Kohle in den Heizkessel, um die Maschine anzutreiben. Der Lokomotivführer lenkt. Beide tragen Schutzbrillen, um ihre Augen vor Wind und Ruß zu schützen.

Es folgen viele weitere Erfindungen, die sich Dampfkraft und Schienen bedienen. Mit Beginn des 20. Jahrhunderts erreichen Lokomotiven bereits eine Geschwindigkeit von 120 km/h.

Eine dieser Erfindungen ist die Einschienenbahn. Auch sie wird mit Dampf angetrieben und fährt über Schienen. Anders als normale Züge gleitet sie jedoch auf nur einer Schiene in luftiger Höhe über Straßen hinweg. Einige dieser Bahnen sind bis heute erhalten.

Die größte Dampflokomotive, die je gebaut wurde, ist die Big Boy. Sie konnte bis zu 120 Güterwagons ziehen.

Im Laufe der Zeit ersetzen Elektro- und Dieselmotoren die Dampfmaschinen. Moderne Hochgeschwindigkeitszüge fahren nicht nur sehr schnell, sondern auch sicher.

Die erste große Elektrolokomotive entsteht 1920. Sie heißt „Krokodil" (1). Die heutigen Diesellokomotiven werden mit Dieselkraftstoff betrieben (2). Moderne Elektrolokomotiven können sehr lange und schwere Züge ziehen.

Der deutsche Hochgeschwindigkeitszug ICE transportiert seine Fahrgäste mit einer Geschwindigkeit von bis zu 300 km/h.

AUTOS

1770 baut der Franzose Joseph Cugnot das erste Automobil. Sein Rollwagen wird von einer Dampfmaschine gezogen.

Um den Rollwagen in Gang zu setzen, muss unter dem großen Kupferkessel Feuer gemacht werden. Dadurch entsteht Wasserdampf, der den Motor und damit auch das Vorderrad antreibt. Der Wagen ist nicht schneller als ein Fußgänger – zum Glück, denn bei der ersten Fahrt fuhr er gegen eine Mauer.

Ein Engländer baut die erste Dampfpostkutsche. Sie befördert neun Passagiere mit 13 km/h.

1887 stellen Franzosen ein merkwürdiges Dreirad mit Dampfantrieb vor. Es erreicht 60 km/h.

Fast zur gleichen Zeit entwickeln die Deutschen Benz und Daimler den Benzinmotor, der leichter und leistungsstärker ist als die Dampfmaschine. Das Zeitalter des modernen Autos beginnt.

Der mit Benzin betriebene dreirädrige Motorwagen von Benz transportiert zwei Personen mit 13 km/h. Fahrer und Beifahrer schützen sich mit einer Decke gegen Kälte.

Dieses Daimler-Modell fährt 1886 bereits 18 km/h. Statt eines Lenkrads hat es eine kreuzförmige Lenkstange.

1899 erreicht das Elektroauto „Jamais Contente“ als erstes Automobil eine Geschwindigkeit von über 100 km/h.

MILLIONEN VON AUTOS

Die ersten Automobile sehen Kutschen noch sehr ähnlich, doch bald ändern sich die Formen.

Ab 1895 sind die Räder dieses Rennwagens mit luftgefüllten Reifen bestückt.

Autos werden immer schneller. Dieser Rolls-Royce erreicht 80 km/h. Eine Brille schützt die Augen des Fahrers.

Der Ford T wird ab 1908 als erstes Auto in großer Stückzahl am Fließband hergestellt. Millionen von Amerikanern kaufen ihn.

Dieses Auto muss nicht mehr mit der Handkurbel gestartet werden. Es hat einen elektrischen Anlasser.

Bald werden auch Autos mit festem Verdeck gebaut. Wind und Regen machen den Fahrenden nun nichts mehr aus. Dieser Wagen kann sogar beheizt werden.

Im Laufe der Jahre werden Autos immer sicherer und komfortabler (Blinker, Heizung, Scheibenheizung ...). In jüngster Zeit bemühen sich die Hersteller, umweltfreundlichere Modelle zu entwickeln.

Ab 1936 wird der VW Käfer gebaut. Er ist das meist gekaufte Auto der Welt.

Der 2 CV von Citroën wird ab 1948 gebaut und ist relativ billig. Die „Ente“ ist sehr beliebt.

Die Automobilindustrie entwickelt immer neue, windschnittigere Modelle, wie z.B. diesen Citroën DS 19. Der 1955 auf den Markt gebrachte Wagen gehört wegen seiner neuartigen Federung zu den komfortabelsten Autos der 1950er Jahre.

Richtige Familienautos sind die geräumigen Vans, die seit den 1990er Jahren gebaut werden.

Ein anderer Trend sind Kleinwagen wie der Smart. Mit ihm findet man überall einen Parkplatz.

DAS FAHRRAD

Nicht immer sah das Fahrrad so aus wie heute – mit zwei Pedalen, Kette und Lenker. So sind die Räder z. B. aus Holz und haben keine Reifen.

Leonardo da Vinci hat schon in der Renaissance Pläne für ein Fahrrad gezeichnet, es aber nicht gebaut.

Die Draisine gibt es ab 1817. Fahrlehrer zeigen den Leuten, wie das Laufrad benutzt wird.

Die Draisine gehört zu den Vorläufern des Fahrrades. Das Laufrad hat einen Lenker, aber keine Pedalen.

Bald darauf bringt man am Vorderrad eines Laufrades zwei Pedalen an: das Veloziped.

Um 1870 wird das Hochrad erfunden.

Mit dem Hochrad kann man wegen seines großen Vorderrades relativ schnell fahren. Aber es ist schwer, nicht das Gleichgewicht zu verlieren.

Das erste richtige Fahrrad wird 1885 in England gebaut. Es hat zwei Pedale und eine Kette. Tritt man in die Pedalen, wird über die Kette das Hinterrad angetrieben. Bald darauf erfindet man die Gangschaltung.

Die ersten Fahrräder sind schwer, aber dank der aufpumpbaren Gummireifen spürt man das Kopfsteinpflaster weniger.

Die ersten Rennräder haben noch keine Gangschaltung. Das kostet die Fahrer in den Bergen viel Kraft.

Inzwischen haben fast alle Räder eine Gangschaltung. Mit dem Mountain-Bike kann man querfeldein fahren.

Professionelle Rennräder sind heutzutage wahre Leichtgewichte und schlagen alle Geschwindigkeitsrekorde.

STRASSEN UND BRÜCKEN

Die Römer bauen Straßen, die das gesamte Römische Reich durchziehen. So gelangen Händler und Soldaten schneller ans Ziel.

Sklaven und Soldaten heben zunächst Gräben aus, die sie mit Sand und Kies füllen. Der Untergrund wird festgestampft und dann mit Steinplatten gepflastert. Wegmarken zeigen an, welche Wegstrecke man zurückgelegt hat.

Um auch tiefere Flüsse überqueren zu können, müssen die Menschen lernen, Brücken zu bauen. Mit Erfindung der Autos muss der Straßenbelag so verbessert werden, dass man schneller ans Ziel kommt.

Die ersten Brücken sind aus Holz oder Seilen. Später baut man stabilere Brücken aus Stein.

Im 19. Jahrhundert tritt Eisen seinen Siegeszug in der Industrie an. Auch Brücken werden nun aus Eisen gebaut.

Der technische Fortschritt macht es im 20. Jahrhundert möglich, kilometerlange Brücken aus Beton zu errichten.

Dank der Erfindung der Straßenwalze wird der Straßenbelag glatter und unempfindlicher. Die Walze plättet Steine und Kies.

Um die Unfallgefahr zu verringern, tritt 1920 die Straßenverkehrsordnung in Kraft.

Später werden die Straßen geteert. Dazu wird Teer erhitzt und dann platt gewalzt. Teer ist ein sehr glatter Straßenbelag.

DIE ERSTEN RUDER- UND SEGELBOOTE

Bereits die ersten Menschen verwenden kleine Boote. Sie sind aus Holz, Häuten oder Schilf gebaut.

Aus einem ausgehöhlten Baumstamm wird ein Einbaum.

Die Ägypter binden Boote aus Papyrusbündeln.

Das Gerüst eines Kanus besteht aus Holz oder Knochen.

Frühgeschichtliche Boote sind aus ausgehöhlten Baumstämmen oder aus einem mit Tierhäuten bezogenen Gerüst. In manchen Ländern, wie z. B. Ägypten, werden auch Boote aus Papyrus oder Schilf gebaut.

Die Ägypter sind das erste Volk, das seine Holzschiffe mit Mast und Segel ausrüstet. Bei Flaute oder Gegenwind wird das Segel gerafft und stattdessen gerudert.

In der Antike befahren solide Holzschiffe das Mittelmeer. Bis zur Erfindung des Steuerruders steuert man das Schiff mit einem großen Ruder an der hinteren Seite des Bootes.

Griechische und römische Galeeren dienen vor allem als Kriegsschiffe. Sie werden mit Rudern angetrieben und haben außerdem Segel.

Die Wikinger überqueren im Mittelalter als erste den Atlantik. Ihre widerstandsfähigen Boote nennt man Drachenschiffe.

Die Chinesen kennen bereits das Steuerruder, ein breites Brett am hinteren Bootsende. So können sie ihre Dschunken leichter lenken.

1492 überquert der Entdecker Christoph Kolumbus zusammen mit seinen Männern den Atlantik und landet nach 40 Tagen auf dem Meer in Amerika. Seine Schiffe nennt man Karavellen.

DIE DAMPFSCHIFFFAHRT

Zwei Erfindungen revolutionieren den Schiffsbau:
die Dampfmaschine und der Schiffsrumpf aus Eisen statt aus Holz.

Dank der Dampfmaschine ist die Schifffahrt nicht länger vom Wind abhängig. Der mit Kohle beheizte Dampfkessel produziert genug Dampf, um damit die beiden Schaufelräder an den Seiten des Schiffes anzutreiben. 1838 überquert das erste Schiff, das allein mit Dampfkraft betrieben wird, den Atlantik.

1804 wird die Schiffsschraube erfunden, kommt aber nicht sofort zum Einsatz.

1860 sticht das erste Schiff in See, das aus Eisen gebaut und mit einer Schraube angetrieben wird.

Ab den 1920er Jahren werden die Dampfschiffe nach und nach durch Motorschiffe ersetzt. Diese Motorschiffe sind schneller. Es entstehen neue, spezialisierte Schiffstypen.

Frachtschiffe haben wenig Tiefgang und befahren mit den geladenen Waren die Flüsse. Vor Erfindung des Motors werden sie von Pferden gezogen.

Riesige Tanker transportieren tonnenweise Rohöl. Die Mannschaft verbringt oft viele Monate an Bord.

Riesige Passagierschiffe schippern wohlhabende Passagiere auf Kreuzfahrt über die Weltmeere.

Fähren sind relativ schnelle Schiffe, mit denen Reisende kürzere Strecken zurücklegen.

Diese Fähre bewegt sich auf einem Luftkissen.

ORIENTIERUNG AUF OFFENER SEE

Die ersten Seefahrer haben keinerlei Hilfsmittel, um sich auf dem Meer zu orientieren. Sie halten sich deshalb immer in Küstennähe auf.

Bis ins Mittelalter hinein orientieren sich die Seefahrer an den Sternen. Der Polarstern zeigt den Norden an.

Leuchttürme weisen Seefahrer auf Hafeneinfahrten oder gefährliche Stellen wie z.B. Felsen hin.

Der Magnetlöffel ist aus magnetischem Metall und zeigt Richtung Norden. Im Mittelalter ersetzt der chinesische Kompass den Magnetlöffel. So wissen die Seeleute selbst bei Nacht und Nebel, wo Norden liegt. Unsere heutigen Kompasse funktionieren nach dem gleichen Prinzip wie der chinesische Kompass.

Dank der Erfindung neuer Navigationsinstrumente können die Seefahrer der Renaissance zu großen Entdeckungsfahrten aufbrechen. Nun können genauere Karten gezeichnet werden.

Mit dem Astrolabium (1), dem Jakobsstab (2) und dem Sextanten bestimmen die Seefahrer ihre genaue Position.

Immer mehr weiße Flecken verschwinden von der Landkarte.

Heute helfen Radar, Computer und Satelliten bei der Navigation.

U-BOOTE

Lange träumen die Menschen davon, sich unter Wasser fortzubewegen. 1776 baut ein Amerikaner das erste U-Boot aus Holz: die *Schildkröte*.

Der Fahrer treibt die *Schildkröte* mit einer Schraube an. Die Öffnung an der Wasseroberfläche bringt Luft ins Innere.

1888 verfügt das U-Boot *Gymnote* über eine Schraube und zwei Motoren. Es fährt über und unter Wasser.

Die *Nautilus* ist 1955 das erste Atom-U-Boot. Es kann mehrere Tage auf Tauchstation bleiben.

1960 schlägt die *Triest* alle Tiefenrekorde. Sie taucht 10 916 m tief. Mit ihr ist es möglich, die Tiefsee zu erforschen.

Dank der Erfindung des Taucheranzugs können Taucher unter Wasser atmen. Erst werden sie über einen Schlauch mit Luft versorgt. Heute können sie mit Sauerstoff-Flaschen bis zu 500 m tief tauchen.

Diese hölzerne Tauchglocke von 1690 wird durch mit Luft gefüllte Fässer eine Stunde lang mit Atemluft versorgt.

Im 19. Jahrhundert hängt der Taucher an einem Schlauch, der mit einer Luftpumpe verbunden ist.

Heutige U-Boote können sehr tief tauchen. Mit ihrer Hilfe kann man Aufnahmen von Schiffswracks machen, wie z. B. von der 1912 gesunkenen *Titanic*. Manche U-Boote sind auch mit Greifarmen ausgerüstet.

DER TRAUM VOM FLIEGEN

Der Traum vom Fliegen ist uralt. Einer griechischen Sage nach soll es Ikarus gelungen sein, sich mit Federflügeln in die Lüfte zu erheben.

Der Flug des Ikarus endet jedoch mit einem Absturz, denn er fliegt zu nahe an die Sonne. So schmilzt das Wachs, das seine Flügel zusammenhält. Im Mittelalter berichtet Marco Polo von Chinesen, die mithilfe von Flugdrachen geflogen wären.

In der Renaissance studiert der Gelehrte Leonardo da Vinci lange Zeit den Flug der Vögel. Nach deren Vorbild entwirft er eine Flugmaschine, deren Flügel mit Seilen und Pedalen steuerbar gewesen wären. Gebaut wird der Flugapparat allerdings nicht.

BALLONFLÜGE

Die Brüder Montgolfier erfinden den ersten Heißluftballon, Montgolfiere genannt. Ein Fürst und ein Chemiker sind die ersten Passagiere.

Die Montgolfiere steigt in die Höhe, wenn die Luft im Inneren des Ballons (aus Stoff und Papier) erwärmt wird. Das Luftschiff wird später erfunden.

FLUGZEUGE

1890 testet Clément Ader seine Flugmaschine mit Dampfmotor. Die ersten Flugzeuge sind aus Holz, die Flügel sind mit Tuch bespannt.

Clément Ader „fliegt“ mit seinem Dampfflugzeug 50 m weit.

1903 benutzen die Brüder Wright, zwei Amerikaner, einen Benzinmotor für ihr Propellerflugzeug.

1909 überquert der Franzose Louis Blériot den Ärmelkanal mit einem Eindecker, den er selbst gebaut hat.

1922 gelingt es dem Fürsten von Pescare, einen Hubschrauber mit 24 Rotorblättern zu fliegen.

Mit der Boeing 247 startet 1933 das erste Transportflugzeug. Die Maschine ist aus Metall und mit zwei Motoren bestückt. Sie kann 10 Passagiere befördern und die USA überfliegen.

Im 20. Jahrhundert schreitet die Flugzeugtechnik voran. Die Flugzeuge sind nun aus Metall, Düsenantriebe ersetzen die Propeller. Die Maschinen sind schneller und haben eine größere Reichweite.

1939 startet in Deutschland das erste Düsenflugzeug (mit einen Düsenantrieb ausgestattet).

Im gleichen Jahr entwickelt der russische Ingenieur Sikorsky einen Hubschrauber mit einem Propeller am Heck. Dadurch ist er stabiler und lenkbarer.

Komet heißt das erste Düsenflugzeug, das Passagiere von Europa nach Amerika transportiert. Es fliegt ab 1952.

Ab 1976 fliegt die Concorde mit über 100 Passagieren die Strecke Paris – New York in rund 3 Stunden – bei 2200 km/h.

Die Flugzeuge werden immer größer: Der Airbus A380 wird über 800 Passagiere transportieren können. An Bord sollen sich außerdem Geschäfte, Gymnastikräume usw. befinden.

RAKETEN

In China sind Raketen schon lange bekannt.
Erst im 20. Jahrhundert fliegen sie jedoch bis in den Weltraum.

Die chinesischen Feuerwerksraketen sind mit Schwarzpulver gefüllt. Sie fliegen einige Meter hoch.

1926 gelingt es einem Amerikaner, eine Rakete über 2 km hoch in den Himmel steigen zu lassen.

Im Zweiten Weltkrieg werden Raketen als fliegende Bomben gebaut und eingesetzt.

1969 befördert die Saturn 5 Menschen in den Weltraum. Den Großteil der Rakete nehmen Treibstofftanks ein.

SATELLITEN

1957 schießen die Russen den ersten Satelliten ins Weltall. Satelliten umkreisen die Erde und sind Teil moderner Kommunikationstechniken.

Bald darauf werden die ersten Lebewesen in den Weltraum geschossen: zuerst ein Hund, dann ein russischer Raumfahrer.

Satelliten übertragen Fernsehsendungen, erleichtern die Kommunikation (Telefon, Radio) und werden bei der Wettervorhersage eingesetzt.

DIE EROBERUNG DES WELTRAUMS

1969 bringt die amerikanische Rakete Saturn 5 die ersten Menschen zum Mond. 11 Jahre später entwickelt man die Raumfähre.

21. Juli 1969: Die ersten Menschen betreten den Mond. Die ganze Welt verfolgt das Abenteuer am Fernseher.

Wenig später wird das Mondmobil erfunden und bei einer amerikanischen Mission auf dem Mond eingesetzt.

Die Raumfähre startet mithilfe von zwei großen Trägerraketen, von denen sie sich später löst. Die Astronauten können die Fähre verlassen, um z.B. Satelliten zu reparieren. Seit einiger Zeit wird eine dauerhafte Weltraumstation im All gebaut.

KOMMUNIKATION

DIE SCHRIFT

Die Menschen erfinden im Altertum die Schrift, um ihr Wissen an nachfolgende Generationen weitergeben zu können.

Mit angespitzten Schilfrohren ritzen die Mesopotamier ihre Schriftzeichen in feuchte Tonplatten. Zunächst sind die Wörter sehr bildhaft. Da gebogene Linien jedoch schwer in Ton zu ritzen sind, werden die Bilder nach und nach zu Schriftzeichen.

Auch im alten Ägypten gibt es Schreiber. Die ägyptische Zeichen nennt man Hieroglyphen.

Der Legende nach haben die Chinesen ihre Schrift den Vogelspuren nachempfunden.

Das Alphabet wird von den Phöniziern erfunden, einem Volk, das im Altertum an der Mittelmeerküste lebt. Im Laufe der Jahrtausende und in den unterschiedlichen Kulturen haben sich die Buchstaben verändert.

Das phönizische Alphabet hat 22 Buchstaben, die für unterschiedliche Laute stehen. Unser heutiges Alphabet besteht aus 26 Buchstaben. Wir haben es von den Römern übernommen. Araber, Russen oder Thailänder benutzen ein anderes Alphabet.

Die Blindenschrift wird von einem Blinden namens Louis Braille erfunden. Deshalb heißt sie auch Braille-Schrift. Jeder Buchstabe wird durch ein Muster an Erhebungen dargestellt. So können Blinde die Schrift mit den Fingern ertasten.

VOM PAPYRUS ZUM PAPIER

Von Anbeginn der Schrift an verwenden die Menschen die unterschiedlichsten Materialien, um darauf zu schreiben.

Die Ägypter stellen eine Art Papier aus Papyrus her: Papyrusstängel werden in Faserstreifen geschnitten. Die Streifen werden kreuzweise übereinander gelegt, befeuchtet und gepresst. Ist das Papyrus trocken, kann man darauf schreiben.

Die Chinesen schreiben zunächst auf Seidentücher. Doch vor rund 2000 Jahren wird auf Geheiß des chinesischen Kaisers nach einem billigeren Material gesucht. Ein Hofbeamter weicht daraufhin alte Lumpen, Rinde vom Maulbeerbaum und Bambus in Wasser ein (1). Die aufgekochte breiige Masse (2) wird auf ein Sieb gestrichen (3), gepresst (4) und getrocknet: Papier!

Die Römer erfinden das Pergament. Es wird aus der Haut von Ziegen, Schafen oder Kälbern gemacht. Es ist weniger empfindlich und leichter zu transportieren als Papyrus und wird bis ins Mittelalter hinein benutzt.

Pergament wird aus Tierhaut gemacht, die gewaschen und dann mehrere Tage in Kalkwasser eingelegt wird. Anschließend wird die Haut geschabt, um Fell und Fleischreste zu entfernen. Nach dem Trocknen wird noch die Oberfläche geglättet, dann kann man darauf schreiben!

An dieser Maschine werden lange Papierbahnen produziert.

Im Laufe der Zeit wird Papier schließlich nur noch aus fein gemahlenen Holzfasern hergestellt. Sie werden in riesigen Maschinen aufgekocht, ausgewalzt und getrocknet. Die Papierbahnen werden in Form von großen Rollen gelagert.

VOM SCHILFROHR ZUM COMPUTER

Da sich Ton, Wachs, Papyrus oder Pergament nicht von alleine beschreiben, erfinden die Menschen zeitgleich die ersten Schreibgeräte.

Die Ägypter benutzen zugeschnittene Schilfrohre und eine Art Tinte (in Wasser gelöste Kohle) zum Schreiben.

Die Chinesen malen ihre kunstvollen Schriftzeichen mit Pinseln aus Wolfs- oder Ziegenhaar.

Im Mittelalter schreibt man mit Gänsekielen auf Pergament oder ritzt Nachrichten in Wachs.

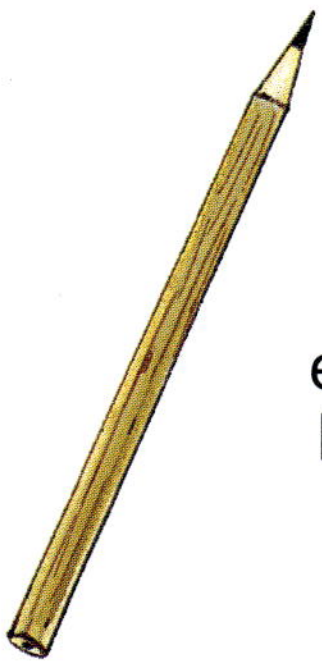

In der Renaissance wird der Bleistift erfunden. Die Mine aus Blei ist in Holz gefasst.

Federhalter

Die ersten Federn aus Stahl, die auf einen Federhalter aufgesteckt werden, sind eine Errungenschaft des 19. Jahrhunderts. Um mit diesen Federn zu schreiben, muss man die Spitze oft ins Tintenfass tauchen – genau wie bei den Federkielen. Wie leicht tropft da Tinte aufs Papier! Da hilft nur Löschpapier.

Im 19. Jahrhundert wird die Schreibmaschine erfunden. Mit ihrer Hilfe kann man schneller und lesbarer schreiben. Notizen macht man allerdings immer noch mit dem Federhalter, den man stets bei sich trägt.

Der Schreibkopf bewegt den richtigen Buchstaben (Type).

Die Schreibmaschinen werden mit der Zeit immer besser: Sie funktionieren elektrisch und man kann sie auf mehrere Schrift- oder Zeichenarten einstellen.

Die ersten Schreibmaschinen funktionieren mechanisch. Die Tastatur ist schwer gängig. Sekretärinnen müssen „blind“ und mit allen zehn Finger tippen können.

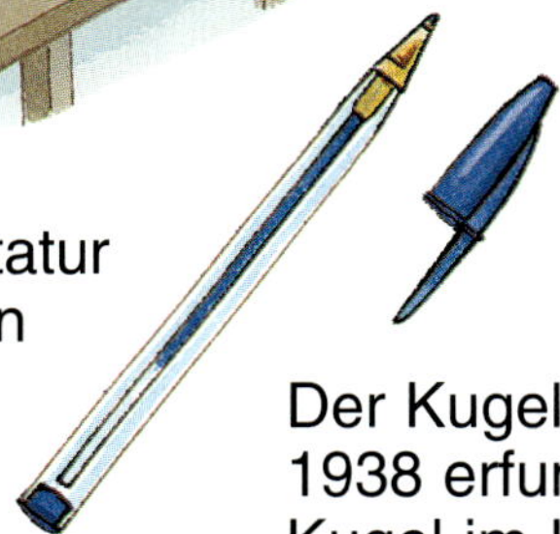

Der Kugelschreiber wird 1938 erfunden. Eine kleine Kugel im Innern gibt beim Schreiben gleichmäßig Tinte ab.

Mit Aufkommen der Computer sind Schreibmaschinen schnell überholt. Mit dem Computer kann man alle getippten Texte speichern und nach Belieben verändern oder korrigieren. Außerdem kann man auf dem Drucker so viele Exemplare ausdrucken wie man braucht.

BÜCHER ALS HANDSCHRIFTEN

Viele Jahrhunderte über werden Bücher in wochenlanger Arbeit per Hand abgeschrieben. Diese Bücher nennt man Handschriften.

Im Mittelalter fertigen die Mönche ihre Handschriften auf Pergament an. Sie verzieren die Schriften mit Bildern und kunstvollen Anfangsbuchstaben, den Initialen. Ein Umschlag aus Holz oder Leder schützt das kostbare Buch.

DIE CHINESEN ERFINDEN DAS DRUCKEN

Vor 1200 Jahren entwickeln die Chinesen ein Verfahren, um Schriftseiten schneller zu vervielfältigen: Sie erfinden den Holzdruck.

Der Text wird zunächst auf ein Blatt Papier geschrieben und dann mit der Schrift nach unten auf eine Holzplatte gedrückt: Die Schrift druckt sich ab.

Das Holz wird um die Schriftzeichen herum abgetragen. Dann färbt man die hervortretenden Zeichen mit Tinte und drückt ein Blatt Papier leicht auf die Druckplatte: Fertig ist der gedruckte Text! Der Druckvorgang lässt sich beliebig oft wiederholen.

FORTSCHRITTE IN DER DRUCKTECHNIK

Johannes Gutenberg entwickelt eine Drucktechnik, bei der er statt mit feststehenden Textblöcken mit beweglichen Buchstabenstempeln arbeitet.

Von allen Buchstaben und Satzzeichen werden Stempel aus Blei gegossen. Diese so genannten Lettern werden in Setzkästen aufbewahrt. Die einzelnen Lettern setzt man in einem Rahmen zu einem Text zusammen und färbt sie mit Druckfarbe ein.

Ein Arbeiter legt ein Blatt Papier auf die Druckplatte, dann kommt beides unter die Druckerpresse. Man muss die Presse kräftig zudrehen, damit der Text sauber gedruckt wird. Nun nimmt der Drucker vorsichtig das Blatt heraus und lässt die Tinte trocknen.

Inzwischen haben sich die technischen Verfahren so weit vervollkommnet, dass Bücher, Zeitungen und Zeitschriften sehr schnell gedruckt werden können. Die Texte werden vor dem Druck am Computer vorbereitet.

Zeitschriften, Zeitungen und manche Bücher werden in Rotationsdruckmaschinen gedruckt. Diese Maschinen arbeiten sehr schnell. Sie drucken nicht nur, sondern falten, schneiden und heften die Seiten auch. In wenigen Stunden werden so viele tausend Druckwerke erzeugt.

Bei reinen Druckmaschinen durchlaufen die Papierbögen nacheinander vier Druckwalzen, um farbig bedruckt zu werden: Gelb (G), Rot (R), Blau (B) und Schwarz (S). An einer anderen Maschine werden sie dann gefaltet und gebunden.

NACHRICHTEN AUS WEITER FERNE

Jahrhundertelang sind die Menschen auf sicht- und hörbare Signale angewiesen, um sich über weite Entfernung hinweg zu verständigen.

Mit einem Muschelhorn warnt dieser Inka vor Gefahr.

Der Wachsoldat kündigt die Rückkehr der siegreichen Ritter an.

Indianer verständigen sich über geheime Rauchzeichen mit ihrem Stamm.

Viele Jahrhunderte lang überbringen Boten zu Pferd oder zu Fuß wichtige Nachrichten – ganz gleich bei welchem Wetter.

Auch Brieftauben werden als Nachrichtenboten eingesetzt.

DIE TELEGRAFIE

Vor Entdeckung der Elektrizität gibt man verschlüsselte Nachrichten mithilfe schwenkbarer Holzarme weiter, die auf Hügeln angebracht sind.

Im 18. Jahrhundert werden mechanische Arme auf Türmen angebracht. So sind sie kilometerweit sichtbar. Jede Armstellung bedeutet eine andere Nachricht. Mit dem Fernglas erkennt der Türmer die Botschaft und gibt sie an den nächsten Turm weiter.

Im 19. Jahrhundert erfindet der Amerikaner Samuel Morse einen elektrischen Telegrafen. Jeder Buchstabe wird in eine bestimmte Folge kurzer und langer Signale umgewandelt und über Leitungen übertragen. Die Signale kommen als Punkte und Striche an und müssen entschlüsselt werden.

DAS TELEFON

1872 erfindet der Amerikaner Graham Bell den Fernsprecher, ein elektromagnetisches Telefon.

An den ersten Telefonen ist eine Art Trichter angebracht. Er dient gleichzeitig als Hörer und Sprechmuschel. Die Sprechmuschel wandelt die Stimme in Signale um, die über Leitungen übermittelt werden. Der Empfänger hört dann wieder die Stimme.

Bald ersetzt ein Telefonhörer den Trichter. Der Anrufer wählt keine Nummer. Stattdessen dreht er an einer Handkurbel und wird dadurch mit der Telefonvermittlung verbunden. Ein Telefonfräulein stellt dann die Verbindung zum Gesprächspartner her.

Viele tausend Kilometer Kabel und hunderte von Satelliten sorgen heutzutage dafür, dass man weltweit telefonieren kann. Es ist sogar möglich, Bilder zu verschicken oder sich beim Telefonieren zu sehen.

Die nächste Telefongeneration hat eine Wählscheibe. Nun ist es möglich, den Gesprächspartner direkt anzuwählen. Die Wählscheibe wird später durch Tasten ersetzt. So wählt man noch schneller!

Diese Erfindung läuft ebenfalls über das Telefonnetz: das Fax. Mit dem Fax kann man Texte und Bilder versenden.

Satelliten sorgen für guten Handyempfang.

Um überall telefonisch erreichbar zu sein, erfindet man das Handy, ein tragbares Telefon.

Das Bildtelefon hat einen Bildschirm, auf dem man die Person sehen kann, mit der man gerade telefoniert.

DAS RADIO

Das Radio überträgt Töne mittels nicht sichtbarer elektromagnetischer Wellen. Die Töne werden drahtlos durch die Luft übermittelt.

1897 entwickelt der Italiener Marconi den drahtlosen Telegrafen, der kodierte Nachrichten per Funk übermittelt.

Die ersten Radios sind sehr große Apparate. Man benutzt Kopfhörer, um die Klangqualität zu verbessern.

Die nachfolgenden Radios sind mit großen Lautsprechern ausgestattet. Da es noch kein Fernsehen gibt, hört man gemeinsam die Hörfunksendungen. Die heutigen Transistorradios sind so klein, dass man sie überall mit hinnehmen kann.

DAS FERNSEHEN

Mit Erfindung des Fernsehens können nun auch Bilder übertragen werden. Die ersten Fernseher haben sehr kleine Bildschirme.

1926 beginnen die ersten Sendungen. Dabei werden Kamerabilder in elektrische Signale umgewandelt, die beim Empfang erneut als Bilder wiedergegeben werden. 1936 wird die Berliner Olympiade übertragen, aber es gibt erst wenige Fernseher.

Zunächst gibt es nur das Schwarz-Weiß-Fernsehen. Erst ab den 1960er Jahren kommt das Farbfernsehen auf. Heutzutage gibt es dank Satellit und Parabolantenne eine große Programmauswahl.

DIE FOTOGRAFIE

Der Franzose Nicéphore Niepce erfindet um 1820 ein Verfahren, mit dem er Gegenstände und Landschaften abbilden kann: die Fotografie.

Er bedient sich dabei einer chinesischen Entdeckung, die vor mehr als 2000 Jahren gemacht wurde: der Camera obscura, einem Kasten, in den durch ein Loch (Objektiv) Licht einfällt. Auf der papiernen Rückwand zeichnet sich das Bild verkehrt herum ab.

Vor Niepces Erfindung musste man die Umrisse des belichteten Bildes auf der Rückwand nachzeichnen. Er legt eine Zinkplatte in den Kasten, die mit einer lichtempfindlichen Substanz bestrichen ist. Er öffnet das Objektiv und einige Stunden später erscheint das Bild auf der Platte.

Im 19. Jahrhundert sind die Fotoapparate aus Holz. Da sie sehr schwer sind, hat der Fotograf immer ein Stativ dabei, auf das er die Kamera abstellen kann. So verwackeln die Fotos nicht.

Der Fotograf schaut durch den Sucher seiner Balgenkamera und stellt die Brennweite so ein, dass das Foto gestochen scharf wird. Dann legt er eine beschichtete Glasplatte in die Kamera ein und öffnet mit dem Auslöser das Objektiv.

Filme

Die beschichtete Glasplatte wird später durch den Rollfilm ersetzt – zunächst nur schwarz-weiß, doch bald auch in Farbe. Die Kameras haben keinen Balg mehr.

In den 1950er Jahren kommen so genannte Sofortbildkameras auf den Markt, die direkt ein fertiges Foto „ausspucken“.

Heutzutage werden Digitalkameras immer beliebter. Sie funktionieren ohne Film. Die Fotos kann man am Computer anschauen.

DAS KINO

Nach Erfindung der Fotografie beginnt man mit bewegten Bildern zu experimentieren: dem Film.

Schon vor Erfindung des Kinos versucht man Bildern Leben zu verleihen. Bei diesem Guckkasten von 1879 geraten die Figuren in Bewegung, wenn man das Band, auf dem sie aufgemalt sind, zum Drehen bringt. Leider kann immer nur eine Person das bunte Treiben der Figuren durch das Guckfenster beobachten.

Vorläufer des Kinos sind die Vorführungen mit der Laterna magica, einer Art Projektor. Dabei werden mithilfe von Licht und bemalten Glasplatten große Bilder an die Leinwand projiziert. Die Bilder bewegen sich noch nicht, dennoch sind die Zuschauer begeistert.

Den ersten Projektionsapparat für bewegte Bilder entwickeln 1895 zwei Brüder, die Franzosen Louis und Auguste Lumière. Mit einer Handkurbel wird der Film am Laufen gehalten; die Bilder bewegen sich sehr schnell.

Die erste Filmvorführung der Brüder Lumière ist ein voller Erfolg. Sie zeigen in ihrem Kurzfilm eine Eisenbahn, die in den Bahnhof einfährt. Die Vorführung wirkt so echt, dass die Zuschauer fürchten, von der Eisenbahn überfahren zu werden.

Zuerst gibt es nur schwarz-weiße Stummfilme zu sehen. Ein Klavierspieler untermalt die tonlosen Filme mit Musik.

Einige Jahre später sind auch Tonfilme zu sehen. Ab den 1930er Jahren kommen schließlich auch Farbfilme auf.

Bevor Filme vorgeführt werden können, müssen sie natürlich erst einmal aufgenommen werden. Die erste wirkliche Filmkamera wird mit einer Handkurbel betrieben.

3 *Das fotografische Gewehr ist mit einer Scheibe mit Fotopapier bestückt. Die Fotos werden unmittelbar nacheinander „geschossen".* 2

1888 entwickelt Etienne Marey das fotografische Gewehr (1), das pro Sekunde mehrere Aufnahmen machen kann. Damit fotografiert er einen Mann in Bewegung (2). Projiziert man die Bilder sehr schnell hintereinander, bewegt sich der Mann (3).

Die erste Filmkamera sieht aus wie ein Holzkasten mit Kurbel. Sobald der Kameramann die Kurbel dreht, läuft der Film an, das Objektiv öffnet sich und die Aufnahme beginnt. Dabei ist es ganz wichtig, die Kurbel gleichmäßig zu drehen.

TONAUFNAHME

Schon vor Erfindung des Radios sucht man nach Wegen, die menschliche Stimme aufzunehmen. Das Ergebnis ist der Fonograf (1877).

Dreht man die Kurbel des Fonografen und spricht dabei in das Mikrofon, wird die Stimme aufgenommen. Eine Rille, die dem Ton entspricht, wird in eine Walze geritzt. Zum Abspielen der Aufnahme wird das Mikrofon durch einen Schalltrichter ersetzt.

Einige Jahre später löst die Schallplatte die Walze ab. Sie ist haltbarer und praktischer. Auch die Tonqualität ist deutlich besser. Bevor man eine Platte anhören will, muss man das so genannte Grammofon mit der Handkurbel in Gang setzen.

Schließlich wird der elektrische Plattenspieler erfunden. Über einen Lautsprecher ertönt die Musik. Die Lautstärke lässt sich bereits regulieren. Die ersten Tonbandgeräte erscheinen 1898 auf dem Markt.

Die ersten Plattenspieler sind in eine Art Koffer integriert, den Fonokoffer. Es gibt zwei Schallplattengrößen. Später kann man die Lautsprecherboxen frei im Raum aufstellen: So ist der Klang besser. Heute gibt es CD-Player und Walkman.

Bei den ersten Tonbändern werden die Töne auf große Tonbandrollen gespeichert. Die Tonbänder werden von Kassetten und tragbaren Kassettenrekordern abgelöst. Schon ein Kleinkind kann heute einen Kassettenrekorder bedienen.

ALLTAG

DIE ENTDECKUNG DES FEUERMACHENS

Als die Menschen begreifen, dass Feuer nicht nur Gefahr, sondern auch Wärme und Licht bedeutet, versuchen sie, selbst Feuer zu machen.

Die Menschen erkennen bald, dass bei Vulkanausbrüchen und Blitzeinschlägen trockenes Holz und Gras Feuer fängt. Sie entdecken auch, dass durch Feuer das Fleisch toter Tiere gebraten wird und besser schmeckt.

Die Menschen haben noch nicht gelernt, selbst Feuer zu machen. Deshalb hüten sie die Glut wie einen Schatz. Sie nutzen das Feuer zum Kochen, zum Schutz vor wilden Tieren und als Licht- und Wärmequelle.

Vor rund 500 000 Jahren entdeckt unser Vorfahr, der homo erectus, durch Zufall die Kunst des Feuermachens.

Der homo erectus bemerkt, dass beim Aneinanderschlagen zweier Feuersteine Funken fliegen. Diese Funken entzünden trockene Gräser. Auch mit zwei Holzstäben kann man trockenes Gras entflammen: Man reibt sie aneinander bis Feuer entsteht.

Lange Zeit benutzt man Feuersteine zum Feuermachen.

Das erste Feuerzeug ist ein Feuerstein, den man über trockenen Holzspänen gegen ein Metallplättchen schlägt.

Die Römer erfinden das Zündhölzchen.

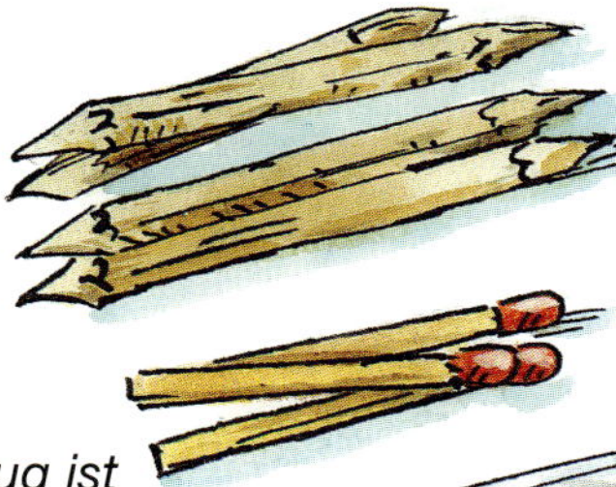

Das Streichholz ist eine Erfindung des 19. Jahrhunderts. Heute kann man Feuerzeuge überall kaufen.

ACKERBAU

Bevor der Mensch den Ackerbau für sich entdeckt, ist er Jäger, Fischer und Sammler.

Das Aussähen von Samenkörnern beruht auf einer zufälligen Entdeckung: Die Menschen merken nämlich, dass dort Pflanzen wachsen, wo wilde Samenkörner auf die Erde gefallen sind. Das ist der Beginn des Ackerbaus.

Um sich das Säen und Ernten zu erleichtern, erfinden die Menschen neue Arbeitsgeräte: Mit dem Querbeil brechen sie die Erdschollen auf und ziehen Furchen. Mit dem Setzstab wird die Saat eingepflanzt und mit der Sichel das Getreide geerntet. Die Hacke stammt aus der gleichen Zeit wie der Mahlstein.

DER PFLUG

Im Laufe der Jahrhunderte werden die Arbeitsgeräte immer besser. Vor Erfindung des Motors nutzen die Menschen die Arbeitskraft von Tieren.

Der Holzpflug zieht relativ tiefe und gerade Furchen für das Saatgut in die Erde. Ab dem Mittelalter ist die Pflugschar aus Eisen. So wird die Erde noch gründlicher umgepflügt. Diese Pflüge benutzt man bis Ende des 19. Jahrhunderts.

Ab dem 18. Jahrhundert werden Pflüge ganz aus Eisen hergestellt. Sie sind leichter, stabiler und gründlicher als Holzpflüge. Zunächst ziehen Pferde den Pflug, später Traktoren. Moderne Pflüge ziehen mehrere Furchen gleichzeitig.

ERNTEGERÄTSCHAFTEN

Dank der Verbesserung der landwirtschaftlichen Geräte wird die schwere Landarbeit erleichtert. Auch die Erntezeit ist nicht mehr so anstrengend.

Die erste Mähmaschine wird von den Galliern erfunden, um die Getreideernte zu erleichtern: Eisenzähne reißen die Ähren ab, die dann in einen Holztrog fallen. Doch noch viele Jahrhunderte später erntet man das Getreide mühsam mit der Sense.

Im 19. Jahrhundert wird in den USA der Mähbinder erfunden – eine Maschine, die Getreidehalme schneidet und gleichzeitig bündelt.

Um die Spreu vom Weizen zu trennen, muss das Getreide mit Dreschflegeln gedroschen werden. Erst im 19. Jahrhundert wird diese anstrengende Arbeit von Dampfdreschmaschinen übernommen.

Die Dreschmaschine macht das Dreschen mit dem Dreschflegel überflüssig. Sie wird mit einer Dampfmaschine angetrieben, die mit Kohle beheizt wird. Mehrere Bauern teilen sich eine gemeinsame Dreschmaschine.

Moderne Mähdrescher übernehmen alle Arbeitsgänge: Sie schneiden die Ähren und nehmen sie auf. Im Innern der Maschine wird gedroschen. Die Getreidekörner landen auf dem Anhänger, das Stroh als Ballen auf dem Feld.

BEWÄSSERUNG

Um gedeihen zu können, brauchen Pflanzenkulturen genug Wasser. Schon in der Antike erfinden die Bauern daher einfallsreiche Bewässerungssysteme.

Die Ägypter umgeben ihre Felder mit Gräben, die sie mit Nilwasser bewässern. Mit dem Schaduf, einem Ziehbrunnen, schaffen sie das Wasser vom Fluss in die Gräben. Die Griechen bewässern ihre Kanäle mithilfe einer großen Holzschraube.

Heute bewässern die Landwirte ihre weitläufigen Ackerflächen mit modernen Bewässerungsanlagen. Eine Motorpumpe pumpt Fluss- oder Grundwasser ab, das dann als feiner Nieselregen auf die Felder gesprüht wird.

NAHRUNGSMITTEL HALTBAR MACHEN

Da die meisten Nahrungsmittel schnell verderben, müssen die Menschen nach Mitteln und Wegen suchen, sie haltbarer zu machen.

Schon die Urmenschen lassen Fleisch und Fisch an der Sonne trocknen, um sie haltbarer zu machen. Getreide wird in erhöhten Kornspeichern gelagert oder in Bodenvertiefungen, die mit Lehm ausgekleidet und gut verschlossen werden.

Beim Räuchern werden Fisch und Fleisch in den Rauch über einer Feuerstelle gehängt. Auch Eicheln werden über dem Feuer geröstet, damit sie nicht verderben. Die Gallier lagern Fleisch stark gesalzen in irdenen Krügen: Pökelfleisch.

Die Menschen wissen schon sehr früh, dass sich Nahrungsmittel bei kalten Temperaturen länger lagern lassen. Da es noch keinen Kühlschrank gibt, nutzen sie auf unterschiedliche Art und Weise natürliches Eis.

Die Urmenschen graben im Winter Löcher in den gefrorenen Boden und bewahren darin ihre Nahrung auf: Tiefkühlkost!

Bis ins 19. Jahrhundert hinein versorgen sich die Menschen im Winter mit Eis aus zugefrorenen Bächen und Seen.

Damit der Eisvorrat nicht sofort wieder schmilzt und mehrere Monate reicht, wird das Eis in speziellen Kühlkellern gelagert. Dicke Mauern isolieren die Kühlkammern.

Kühl- und Eisschränke sind gekühlte Vorratskammern.
Die ersten Kühlschränke kommen 1913 in den USA auf den Markt.

Eisschrank mit Blockeis

Im 19. Jahrhundert werden maschinell Eisblöcke hergestellt und an die Haushalte geliefert. Das so genannte Blockeis kühlt dann den Eisschrank.

Im Gefrierschrank ist es bitterkalt: Bei weniger als –18 °C halten sich Lebensmittel mehrere Monate lang. Im Kühlschrank ist es zwischen 2 und 5 °C kalt. Hier bleiben Lebensmittel einige Tage frisch. Es gibt Kühlschränke mit eingebautem Gefrierfach und Modelle, bei denen Kühl- und Gefrierschrank getrennt sind.

EINGEMACHTES UND KONSERVEN

Der Süßwarenfabrikant Nicolas Appert findet heraus, dass Lebensmittel auch durch Hitze haltbar gemacht werden können. Er erfindet die Konserve.

Appert füllt eingelegte Lebensmittel in Flaschen, verschließt sie gut und taucht sie dann mehrere Minuten lang in kochendes Wasser (100 °C). Die Hitze tötet Bakterien und Keime ab, sodass sich der Inhalt mehrere Monate lang hält.

Hausfrauen benutzen Erfindungen wie den Autoklav, eine Art Einkochtopf, um selbst Konserven herzustellen. Dazu werden die Zutaten im Wasserbad erhitzt. Bald ersetzen Einmachgläser und Blechkonserven die unpraktischen Flaschen.

KOCHEN, GRILLEN, BACKEN

Sobald die Menschen die Kunst des Feuermachens beherrschen, entwickeln sie verschiedene Methoden, Essen über der Feuerstelle zuzubereiten.

Fleischstücke werden auf einen Holzspieß gesteckt und gegrillt.

Der Fisch wird in Blätter eingewickelt und in der heißen Asche gegart.

Ein heißer Stein erwärmt Wasser in einem ledernen Wasserbeutel.

Ein Holzfeuer heizt den Steinofen auf, in dem Brot gebacken wird.

Mit Beginn der Schmiedekunst gibt es auch die ersten Eisenkessel.

Auf dem Weg von der urzeitlichen Feuerstelle zur modernen Mikrowelle gibt es zahlreiche Zwischenstufen. Wenn es ums Kochen, Backen und Braten von Mahlzeiten geht, ist der Mensch wirklich sehr erfinderisch!

Dieser römische Herd wird mit Holz beheizt. Hier wird gerade Essen gekocht.

In den mittelalterlichen Burgen kocht man an riesigen Kaminen. Dort werden Fasane gegrillt, Suppen zubereitet und Wasser erhitzt.

Im 19. Jahrhundert kocht man auf gusseisernen Herden. Holz oder Kohle heizen Ofen und Kochfeld auf. Gleichzeitig wird damit das Zimmer beheizt. Später kommt der Gasherd auf.

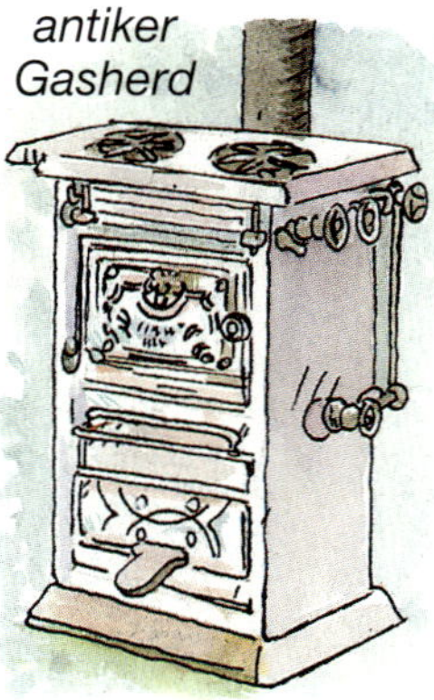

Moderne Küchenherde und Backöfen funktionieren mit Strom oder Gas. In der Mikrowelle kann man sein Essen in wenigen Minuten warm machen oder Tiefkühlkost auftauen.

DIE ERSTEN GEFÄSSE

Schon die Urmenschen fertigen Gefäße aus Ton an.
Darin lagern und transportieren sie ihre Vorräte.

Tonerde trocknet in der Sonne aus und wird hart. Das bringt die Menschen auf die Idee, aus Ton Gefäße herzustellen: Dazu höhlen sie entweder Tonkugeln aus (1), legen Tonwülste übereinander (2) oder schlagen Flechtkörbe mit feuchten Tonplatten aus (3).

Die Töpferwaren härten auf einer Art Scheiterhaufen aus. Der Töpfer bläst vorsichtig in das Feuer, um es anzuheizen.

Die Mesopotamier erfinden das Töpfern mit der Drehscheibe. Mit den Füßen hält der Töpfer die Drehscheibe in Gang.

ZU TISCH!

Messer benutzen die Menschen schon seit grauer Vorzeit. Gabeln und Teller werden allerdings erst viel später erfunden.

Mit scharfkantigen Feuersteinen schneiden die Urmenschen Fleisch.

Mit Erfindung der Schmiedetechnik kommen Messer aus Eisen und Bronze auf.

Seit Gabeln zum Besteck gehören, müssen Messer nicht mehr so spitz sein.

Im alten Rom liegt man bei Tisch und bedient sich direkt von den Servierplatten. Im Mittelalter legt man sich sein Essen auf große Brotscheiben oder Holzbretter. Suppe wird aus Holzschalen gelöffelt.

In der Antike sind die Trinkgefäße aus Ton.
Dann entdecken die Menschen, wie man aus verschiedenen Rohstoffen (z.B. Quarzsand) Glas herstellt.

Die Ägypter machen Gefäße aus Alabaster.

Mesopotamische Handwerker entdecken das Glasblasen. Ist das Glas heiß und weich, lassen sich die unterschiedlichsten Gefäße herstellen.

Im Mittelalter wischen sich die Reichen beim Essen Mund und Finger an einem Zipfel der Tischdecke ab. In der Renaissance kommen Stoffservietten auf, die man über die Schulter legt. Später verknotet man sie am Hals, um die großen Kragen zu schützen.

NÄHEN MIT NADEL UND FADEN

Die Urmenschen schützen sich mit Tierfellen vor Kälte. Um die Felle zusammenzuhalten, benutzen sie bereits Nadel und Faden.

Umhänge aus Fell bedecken nicht den ganzen Körper: Überall dringen Kälte und Wind ein.

Mit Nadeln aus Knochen oder Elfenbein näht man deshalb die Felle zu richtigen Kleidern zusammen.

Tierhäute sind sehr fest und lassen sich nur schwer vernähen. Deshalb stanzt man mit einem Bohrer aus Holz oder Knochen Löcher vor. Der Faden besteht aus Tiersehnen, die man so lange kaut, bis sie geschmeidig sind. Aus den Häuten werden auch Zelte und Wasserschläuche genäht.

WOLLE, FLACHS UND BAUMWOLLE

Bereits vor rund 10 000 Jahren beherrschen die Menschen die Kunst, aus Tierwolle und Pflanzenfasern Stoffe herzustellen.

Wolle

Schon sehr früh entdecken die Menschen die wärmende Schafwolle für sich. Sie scheren die Tiere und fertigen aus der Wolle Kleider.

Baumwolle

In heißen und feuchten Ländern wächst die Baumwollpflanze. Wenn die reifen Fruchtkapseln aufplatzen, quillt die weiße Samenwolle heraus. Diese wird gesponnen und verwebt.

Flachs

Auch Flachs ist eine Pflanze. Die geschnittenen Halme werden mehrere Tage eingeweicht, weich geklopft, gefärbt und dann zu Leinen gewebt.

Bevor man Wolle zum Weben oder Stricken verwenden kann, muss sie gesponnen werden. Heute übernehmen Maschinen diese Arbeit, doch früher benutzte man dazu eine Spindel oder ein Spinnrad.

Die Wolle wird mit zwei großen Kämmen entwirrt: Sie wird gekämmt. Dann werden die Fäden gezwirbelt und auf eine Spindel aufgewickelt.

Im Mittelalter führen Reisende aus Indien das Spinnrad in Europa ein. Damit wird die Wolle feiner und schneller gesponnen als mit der Spindel. Heute übernehmen Maschinen das Spinnen.

AM WEBSTUHL

Die Menschen beherrschen die Kunst des Webens schon sehr lange. Die ersten Webstühle stammen aus dem alten Ägypten.

Die ersten Webrahmen bestehen aus einer liegenden Holzplatte. Die Längsfäden werden durch Kiesel straff gehalten.

Griechen und Gallier verwenden senkrecht aufgestellte Webstühle. Sie benutzen Fäden in verschiedenen Farben: Die bunten Muster sehen schön aus!

Im Mittelalter kommen die Trittwebstühle auf. Nun kann man im Sitzen weben.

Im 19. Jahrhundert werden mechanische Webstühle entwickelt, die schnell ganze Stoffbahnen weben.

Moderne Webmaschinen weben kilometerlange Stoffbahnen, die in Form riesiger Stoffballen gelagert werden.

DAS FÄRBEN VON STOFFEN

Schon seit tausenden von Jahren färben die Menschen Stoffe und Kleidung bunt ein.

Diese Webstoffe haben noch ihre natürliche graue Farbe. Seit der Frühgeschichte wissen die Menschen bereits, dass manche Stoffe in der Sonne ausbleichen. Deshalb legen sie diese Leintücher nach draußen.

Schön früh nutzen die Menschen natürliche Farbstoffe. Dazu werden die Stoffe in heißen Farbbädern eingeweicht. Die Purpurschnecke färbt Kleider rot. Pflanzen wie Indigosträucher oder Färberwaid ergeben bläuliche Farbtöne.

DAS GEHEIMNIS DER SEIDE

Die Gattin eines chinesischen Kaisers soll vor rund 5000 Jahren die Seide entdeckt haben: Ein Schmetterlingskokon war in ihre Tasse gefallen...

1 – Seidenspinner-Weibchen legen ihre Eier auf die Blätter des Maulbeerbaumes.
2 – 3 – Kurz nachdem sie geschlüpft ist, verwandelt sich die Larve in eine Raupe. Zum Verpuppen produziert sie einen Seidenfaden.
4 – Im Innern des Kokons verwandelt sich die Raupe in einen Schmetterling.

Die Chinesen und später auch die Europäer züchten Seidenraupen. Aus den feinen Seidenfäden werden kostbare Stoffe gewebt. Vorher werden die Kokons in kochendem Wasser aufgeweicht und die feinen Fäden vorsichtig entwirrt.

WÄSCHE WASCHEN

Lange Zeit ist Wäsche waschen echte Knochenarbeit: Die Frauen müssen die Wäsche zum Fluss oder ins Waschhaus tragen oder Wasser ins Haus schleppen.

Die Frauen tragen die Wäsche zum Fluss oder ins Waschhaus. Sie seifen, bürsten, walken und wringen sie aus.

Mit Waschzuber und Waschbrett kann die Wäsche zu Hause gewaschen werden. Das Wasser muss man allerdings nach wie vor am Brunnen holen.

Um 1830 wird die Wäsche mit Seifenlauge in einer Holztrommel gewaschen, die man mit einer Kurbel dreht.

Weiße Wäsche wird gekocht, damit sie richtig sauber wird. Im Waschkessel steigt kochendes Wasser durch das Rohr auf und übergießt die Wäsche.

Heute übernimmt die Waschmaschine diese Arbeit. Sie wäscht und schleudert.

BÜGELN

Durchgewalkt, gespült, ausgewrungen, getrocknet – frisch gewaschene Kleider sind meistens knitterig. Deshalb werden sie gebügelt.

Vor 1500 Jahren benutzen die Chinesen mit Kohleglut gefüllte Pfannen. Später glättet heißes Eisen in verschiedenen Formen z. B. Kragen.

Die ersten Bügeleisen sind aus Gusseisen. Man füllt sie mit glühenden Kohlen oder heizt sie auf dem Ofen auf. Heute funktionieren sie elektrisch.

BODENREINIGUNG

Früher hatten die Menschen weder Kacheln noch Teppiche auf ihren Fußböden. Sie bestanden meist nur aus festgestampftem Lehm.

Im Mittelalter streut man den Boden mit duftenden Blättern und Gräsern aus, die man regelmäßig durch frische ersetzt.

Im 17. Jahrhundert bedeckt Sand den Boden. Er wird ausgetauscht, wenn frischer Sand geliefert wird.

Später wird der Fußboden mit Kacheln oder Holzbohlen ausgelegt. Man reinigt ihn mit Wasser und Wischmopp.

1876 erfindet der Amerikaner Bissel den Teppichroller. Eine rotierende Bürste wirbelt den Staub in eine Staubkassette.

1901 wird der Staubsauger erfunden. Damit können die Teppiche in den Häusern reicher Bürger wirkungsvoll sauber gehalten werden. Eine Düse, die sich sehr schnell dreht, zieht Luft und damit auch Staub an.

Die ersten Staubsauger sind sehr unhandlich. Sie werden auf Karren durch die Straßen gezogen. Die Schläuche reicht man durch die Fenster. Ein Benzinmotor treibt die Düse an. Das macht viel Lärm und riecht schlecht.

Wenig später gibt es kleinere Apparate für den Hausgebrauch.

1910 wird in den USA der erste elektrische Staubsauger hergestellt.

Moderne Staubsauger sind viel leichter und handlicher als früher.

KÖRPERPFLEGE

Je nach Zeit und Kulturkreis wurde nicht immer so viel Wert auf Reinlichkeit und Körperpflege gelegt wie heute.

Sklaven helfen reichen Ägyptern bei der Körperpflege.

Die Römer lieben die Thermen, öffentliche Bäder mit heißem und kaltem Wasser. Sie salben ihre Körper mit parfümierten Ölen.

Die Gallier stellen Seife aus Fett, Asche und Pflanzenextrakten her.

Im Mittelalter und in der Renaissance hält man nicht viel von Körperpflege: Man badet sehr selten. Nur Reiche gönnen sich öfters ein heißes Bad im Holzzuber.

Viele Jahrhunderte lang gibt es in den meisten Haushalten keine Badezimmer und kein fließendes Wasser. Die Menschen müssen Wasser am Brunnen holen und mit Eimern nach Hause tragen.

Zum Waschen benutzt man Waschschüssel, Waschkrug und meistens kaltes Wasser. Als die Badewanne aufkommt, lassen sich die Reichen leihweise eine Wanne in die Wohnung bringen. Das Wasser muss man selbst warm machen.

Warmes Wasser für die Badewanne fließt erstmals 1860 aus dem Wasserhahn. Kurz darauf werden Heißwasserboiler mit Gas- oder Elektroantrieb erfunden. Heute haben die meisten Wohnungen Badezimmer mit fließend warmem und kaltem Wasser.

SPIEGEL

Sehr früh haben die Menschen gemerkt, dass sie sich in Wasser und in manchen Steinen spiegeln.

Jahrtausendelang können die Menschen ihr Spiegelbild nur in Seen und Tümpeln betrachten.

Relativ bald entdecken die Menschen, dass sie sich auch in bestimmtem Vulkangestein widerspiegeln.

Die Ägypter betrachten sich in Spiegeln aus Silber oder Eisen, das blank gerieben wird.

Deutsche Glasbläser erfinden schließlich die modernen Spiegel. Sie sind aber noch sehr schwer.

SCHMINKEN

Schon in der Antike schminken und parfümieren sich Männer wie Frauen. Dazu verwenden sie natürliche Produkte (Pflanzenextrakte usw.).

Die Ägypter umranden ihre Augen mit einer schwarzen Paste Bleiglanz. Die Wangen werden mit einer Mischung aus Ocker und Tierfett gerötet. Die Frisur ziert ein wächserner Duftkegel, der bei Wärme schmilzt und wohlriechende Öle freisetzt.

Diese Römerin lässt sich von ihrer Sklavin das Gesicht pudern. Der Puder besteht aus Eselsmilch, Mehl und Kreide.

In der Antike färbt man sich die Lippen mit Weinsatz rot. Lippenstift auf Fettbasis wird erst später erfunden.

DIE RASUR

Früher lassen sich viele Männer von einem Barbier rasieren. Barbiere sind meistens zugleich auch Friseure.

Junge Ägypter lassen sich mit einer Kupferklinge rasieren.

Ab dem Mittelalter benutzt man das Rasiermesser.

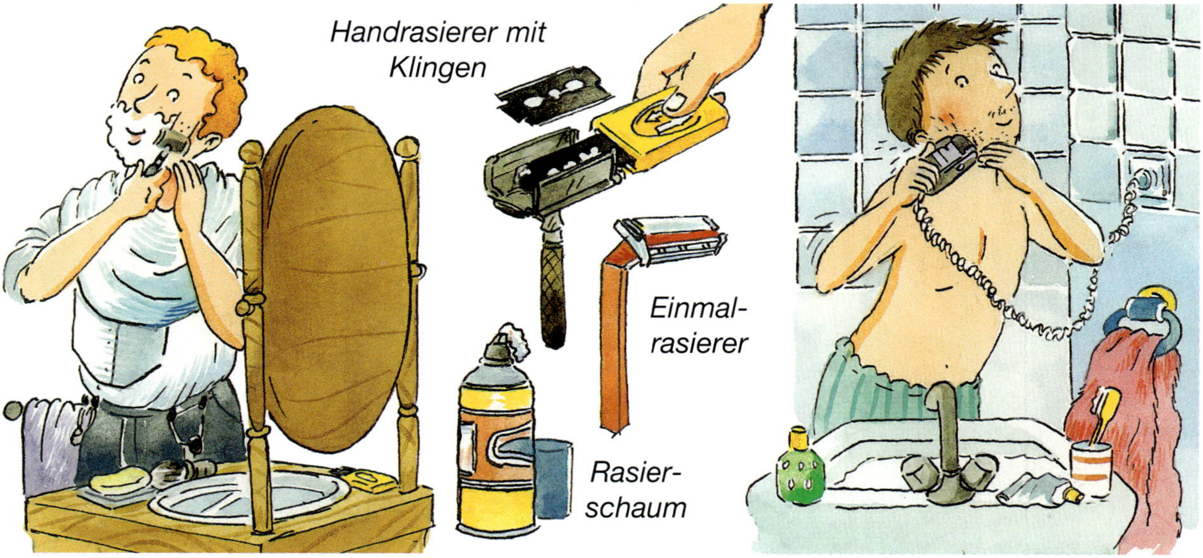

Anfang des 20. Jahrhunderts wird in den USA der Handrasierer mit austauschbaren Rasierklingen erfunden. Seit 1930 gibt es Elektrorasierer, für die man keine Rasierkreme braucht und mit denen man sich nicht schneidet.

TOILETTEN

Lange Zeit verrichten die Menschen ihre Notdurft im Freien. Erst später benutzt man einen Nachttopf und baut Toiletten.

Die Toiletten im alten Rom haben keine Trennwände.

Auf den Burgen des Mittelalters liegt der „Donnerbalken“ über dem Graben.

Und in den Städten leert man den Nachttopf in den Rinnstein.

Später benutzt man Toilettenstühle mit einem Loch. Unter dem Loch steht ein Eimer. Sand oder Erde verhindern Geruchsentwicklung. Den Eimer muss man regelmäßig leeren. Wasserklosetts sind eine Erfindung des 18. Jahrhunderts.

LICHT IM DUNKELN

Schon die Höhlenmenschen entdecken, dass das Fett mancher Tiere und Tannenharz besonders lange brennt.

Die Höhlenmenschen entzünden Fackeln, die mit trockenen Gräsern umwickelt und mit Fett getränkt sind. Sie haben auch kleine Öllampen aus Stein oder Lehm, die mit geschmolzenem Fett gefüllt sind und einen Docht haben.

Diese Kerze besteht aus einem Docht, der mit Wachswaben aus einem Bienenstock umwickelt ist.

Um Kerzen herzustellen, hängt man den Docht in eine Gießform, die man dann mit flüssigem Wachs oder Talg füllt. Ist das Wachs erkaltet, entfernt man die Gießform.

Kerzen aus Bienenwachs oder Talg mit Baumwollfäden als Docht gibt es schon sehr lange. Sie wurden bereits in der Antike erfunden.

Straßenlaternen gibt es erst seit der Renaissance. Vorher waren die Straßen nicht beleuchtet. Im 19. Jahrhundert kommen die Gaslaternen auf. Der Nachtwächter entzündet beziehungsweise löscht sie.

Zunächst werden die Straßenlaternen mit Kerzen bestückt. Später lösen Gaslaternen die Kerzen ab. Nachtwächter entzünden abends die Lampen und löschen sie am Morgen wieder. Im Haus ersetzen Petroleumlampen die Kerzen.

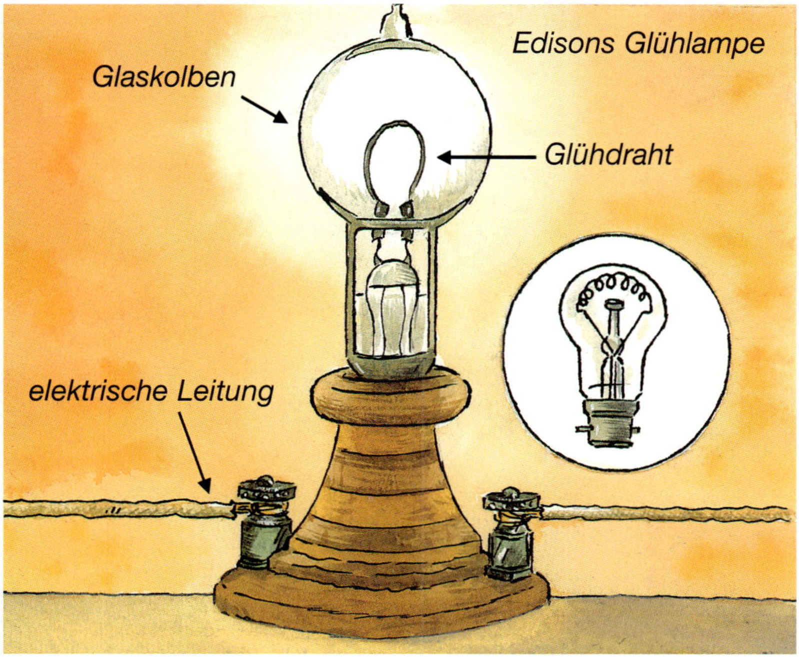

Im 19. Jahrhundert erfindet der Amerikaner Thomas Edison die elektrische Glühlampe. Eine große Erfindung! Der Strom fließt durch den Glühdraht in der Lampe. Dadurch erhitzt er sich so stark, dass er erst rot und dann weiß leuchtet.

ZEITMESSUNG

Den Menschen wird sehr schnell klar, dass Zeit vergeht. Sie suchen fortan nach Mitteln, Zeit zu messen.

Der Stand der Sonne und die Schatten, die sich im Laufe des Tages verändern, bringen die Menschen darauf, die Sonnenuhr zu erfinden. Sonnenuhren muss man an sonnigen Plätzen aufstellen. Der Schatten des Zeigers zeigt die Stunde an.

Auch Wasser, Sand und Kerzen dienen als Hilfsmittel, um die Zeit zu messen. Denn Wasser, Sand oder Kerzenwachs benötigen immer die gleiche Zeit, um von oben nach unten zu fließen, zu rieseln oder abzubrennen.

WIE SPÄT IST ES?

Im Mittelalter werden die ersten mechanischen Uhren erfunden. Zunächst zieren sie nur Kirchtürme und Rathäuser.

Dank des raffinierten Zusammenspiels von Zahnrädern, Gewichten und Pendel bewegen sich die Zeiger und zeigen auf dem Zifferblatt die Uhrzeit an. Die Gewichte müssen regelmäßig aufgezogen werden, damit die Uhr nicht stehen bleibt. Taschen- und Armbanduhren werden erst später gebaut.

Taschenuhren werden mit einer Kette befestigt und in der Westen- oder Hosentasche getragen. In den 1980er Jahren kommen Uhren mit Digitalanzeige, d. h. ohne Zeiger, in Mode.

GELDHANDEL

Die Idee, Geldstücke als Zahlungsmittel zu verwenden, ist schon sehr alt. Trotzdem hat sich lange Zeit der Tauschhandel mit Waren behauptet.

Im alten China bezahlen die Menschen mit Muscheln. Die Gallier betreiben regen Tauschhandel: das Schwert gegen zwei Ochsen. Die Azteken dagegen rechnen in Kakaobohnen: Ein Hase ist 10 Kakaobohnen wert.

Die ältesten Münzen sind über 2500 Jahre alt. Sie stammen aus der Zeit des Königs Krösus von Lydien. Die Münzen sind aus Silber und Gold, das man im Fluss Paktol gewaschen hatte. Noch heute nennt man einen besonders reichen Mann sprichwörtlich „Krösus“. Münzen werden oft mit dem Bildnis des jeweiligen Herrschers geprägt.

Geldscheine und Schecks werden erst lange Zeit nach dem Münzgeld erfunden. Für Schecks kann man nur dann etwas kaufen, wenn sie durch entsprechende Geldwerte auf der Bank gedeckt sind.

Die Chinesen haben nicht nur das Papier, sondern auch die ersten Geldscheine erfunden. Sie waren riesig!

Um Geldscheine fälschungssicher zu machen, werden sie auf speziellem Papier gedruckt.

Im 20. Jahrhundert kommen Schecks und Kreditkarten auf. Sie sind praktisch, denn man muss weniger Geld mit sich herumtragen. Um am Automaten mit der Karte Geld abzuheben, braucht man einen geheimen Zahlenkode.

RECHENMASCHINEN

Zunächst behelfen sich die Menschen beim Rechnen mit ihren Fingern. Später benutzen sie Kieselsteine. Die Chinesen erfinden das Rechenbrett.

Zum Rechnen benutzen die Chinesen Kugeln auf Drähten, die sie hin- und herschieben.

Der französische Wissenschaftler Blaise Pascal entwickelt 1642 die erste Rechenmaschine.

1879 kommt in Amerika die erste Registrierkasse zum Einsatz. Sie zählt die einzelnen Preise zusammen.

Heute helfen uns Taschenrechner mit eingebautem Mikrochip bei den schwierigsten Rechenaufgaben.

ZAHLEN UND ZIFFERN

Zum Zählen und Rechnen haben die Menschen besondere Zeichen erfunden: die Zahlen.

Um erfolgreich Handel betreiben zu können, müssen die Menschen über ihr Hab und Gut Buch führen können. Dieser mesopotamische Hirte zählt seine Herde: 12 Schafe. Damit er die Zahl seiner Schafe nicht vergisst, ritzt er Ziffern in Ton: Das 𒌋 steht für 10, das 𒁹 für 1.

Hier siehst du, wie verschiedene Kulturen zu verschiedenen Zeiten die Zahl 12 schreiben. Die arabischen Ziffern, die wir heute verwenden, stammen aus Indien, sind aber durch die Araber vor über 1000 Jahren zu uns gekommen.

COMPUTER UND ROBOTER

Computer gehören zu den wichtigsten Erfindungen des 20. Jahrhunderts. Im Laufe der Zeit sind sie immer kleiner und leistungsstärker geworden.

Der erste Computer wird 1946 in den USA gebaut. Er wiegt über 30 Tonnen und füllt einen ganzen Raum. In nur einer Sekunde löst er tausende von Rechenaufgaben. Ein Mensch bräuchte dafür Tage.

Heute werden Computer überall verwendet – zu Hause, im Büro, in der Schule und in den Geschäften. Moderne Computer sind wahre Tausendsassas: Man kann mit ihnen schreiben, rechnen, zeichnen und spielen. Ihr kompliziertes elektronisches Innenleben haben Ingenieure erdacht.

In den 1960er Jahren werden mithilfe von Computern und Elektronik auch die ersten Roboter gebaut. Sie werden in der Industrie eingesetzt.

Lange haben Menschen von Maschinen geträumt, die ihnen Arbeit abnehmen.

Von Anfang an werden Roboter in der Industrie eingesetzt. So übernehmen sie beispielsweise bei der Automobilproduktion das Schweißen und Lackieren.

Auch in der Medizin verwendet man heute Roboter. Der Arzt steuert bei schwierigen Operationen die Roboterarme vom Computer aus.

Es gibt auch Spielzeugroboter. Diese Hunde reagieren auf Stimmen.

BESSER SEHEN DANK DER BRILLE

Schon die alten Griechen bedienen sich der Lupe. Sie wissen bereits, dass Glaslinsen Dinge vergrößern.

Im 13. Jahrhundert kommt man auf die Idee, zwei Lupen zu verbinden. Die Gläser sind aus einem transparenten Edelstein, dem Beryll. Die ersten Brillen haben noch keine Bügel, sondern werden auf die Nase geklemmt. Man nennt sie Zwicker. Bügelbrillen gibt es erst ab 1746.

Später ersetzt Glas den Beryll. Man trägt Brillen als Lesehilfe und um besser in die Ferne zu sehen.

Heute bevorzugen viele Brillenträger Kontaktlinsen. Sie sind nicht zu sehen und kaum zu spüren.

TELESKOP UND MIKROSKOP

Wissenschaftler entdecken ein Verfahren, mit dem weit entfernte bzw. sehr kleine Dinge optisch herangeholt bzw. vergrößert werden können.

So kann der italienische Astronom Galileo Galilei bereits 1609 mit seinem Fernrohr die Mondoberfläche sehen. Heute werden in den Sternwarten und Planetarien mächtige Teleskope zur Beobachtung der Himmelskörper eingesetzt.

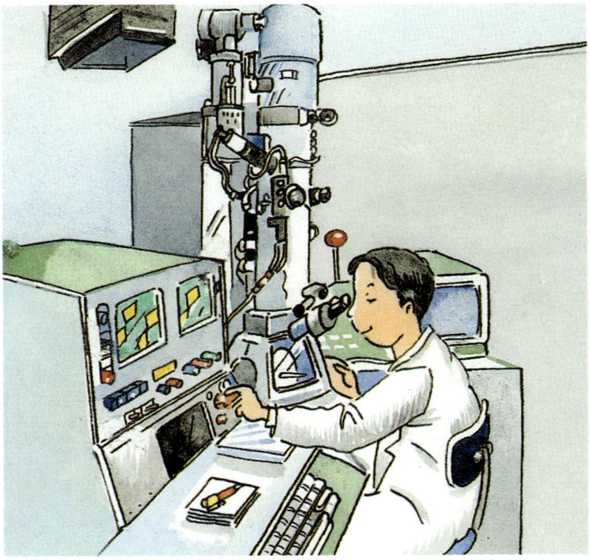

Mit dem Mikroskop kann man Dinge erkennen, die für das bloße Auge unsichtbar sind. Die Forschung verdankt dieser Erfindung, die mit zwei Linsen funktioniert, große Fortschritte. Das Elektronenmikroskop ist besonders hilfreich.

VORSICHT FEHLERTEUFEL!

In dieser mittelalterlichen Burgküche sind sieben Gegenstände zu sehen, die zu dieser Zeit noch gar nicht erfunden waren. Weißt du welche?

Lösung: 1 – Wecker 2 – elektrische Kaffeemaschine
3 – Kühlschrank 4 – Konservendose 5 – Staubsauger 6 – Taschenlampe
7 – Wasserhahn mit fließendem Wasser

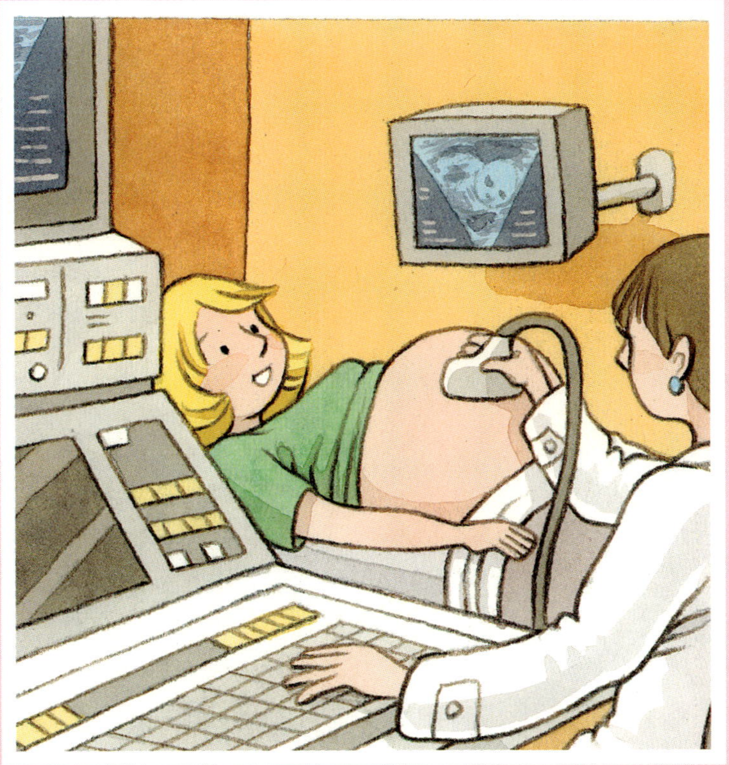

MEDIZIN

KRANKENPFLEGE

Viele Jahrhunderte lang behandeln Ärzte, Medizinmänner und Priester Krankheiten mit Naturheilmitteln und Zaubersprüchen.

Dieser Medizinmann verarztet einen Verletzten. Er bestreicht die Wunde mit Tonerde und bittet die Götter um Hilfe.

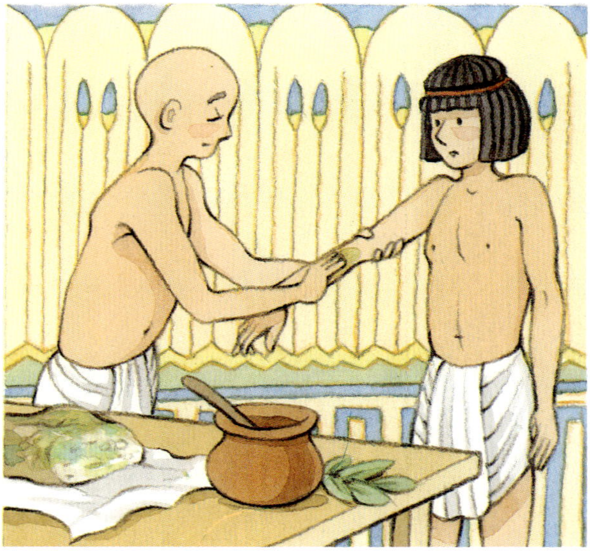

Die heilkundigen Priester der Ägypter behandeln Wunden mit schimmeligem Brot. Sie verwenden auch Heilpflanzen.

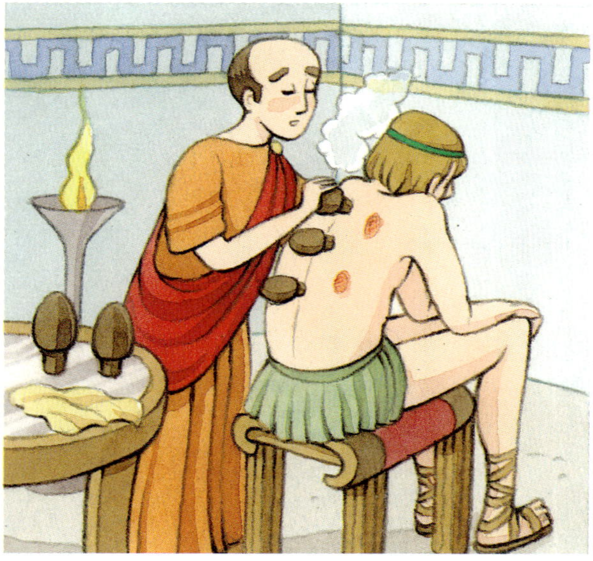

Auch Schröpfen ist ein altes Heilmittel: Aufgeheizte Glasglocken werden auf die Haut gesetzt und erzeugen Blutergüsse.

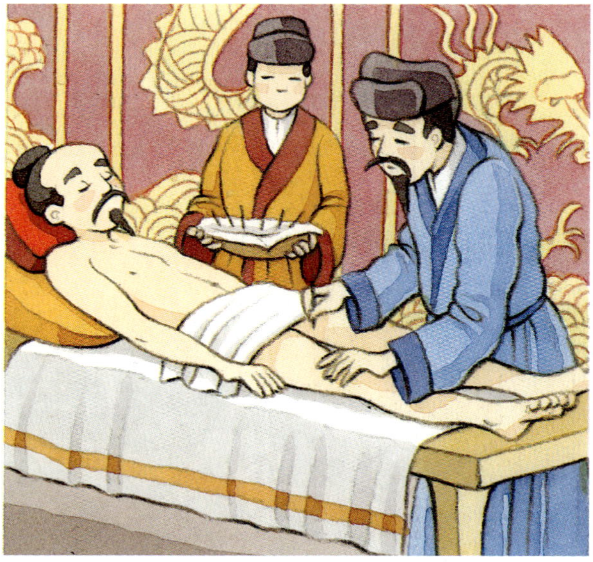

Seit 3000 Jahren vertrauen die Chinesen auf die heilende Kraft der Akupunktur, der Schmerzlinderung durch Nadeln.

Im Mittelalter macht die Medizin keine großen Fortschritte. Die Ärzte versuchen Krankheiten mit Schröpfen, Aderlass und Blutegeln zu kurieren. Diese Methoden schwächen die Patienten jedoch nur.

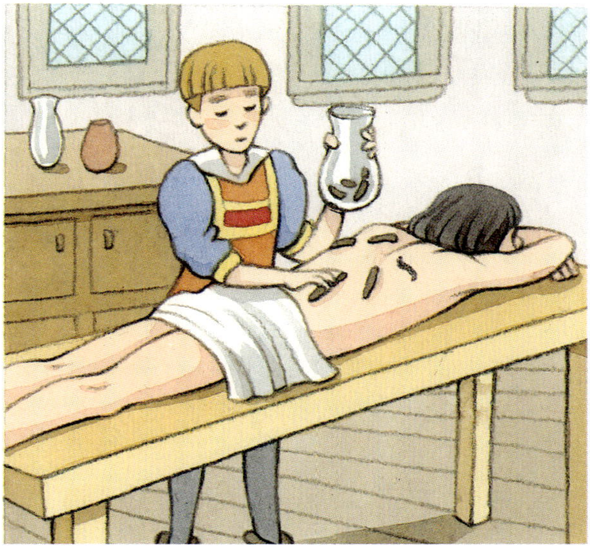

Viele mittelalterliche Ärzte lassen ihre Patienten zur Ader, d.h. sie nehmen ihnen viel Blut ab. Sie glauben, das würde den Körper reinigen und Fieber senken. Sie verwenden dazu auch Blutegel, eine Art Wurm, der Blut saugt.

Im Mittelalter untersucht man bereits Urin auf Krankheiten. Als Heilmittel dienen vor allem Tinkturen und Tränke aus Pflanzen und Gewürzen.

ERFORSCHUNG DES MENSCHLICHEN KÖRPERS

Erst in der Renaissance beginnt man, den menschlichen Körper genauer zu erforschen. Vorher war es den Ärzten verboten, Leichen zu sezieren.

Anfang des 16. Jahrhunderts seziert Andreas Vesal, ein flämischer Arzt, die Leichen von zum Tode verurteilten Verbrechern. Damit werden zum ersten Mal die Organe, das Knochengerüst, die Muskeln und Nerven von Menschen genau untersucht und wissenschaftlich beschrieben.

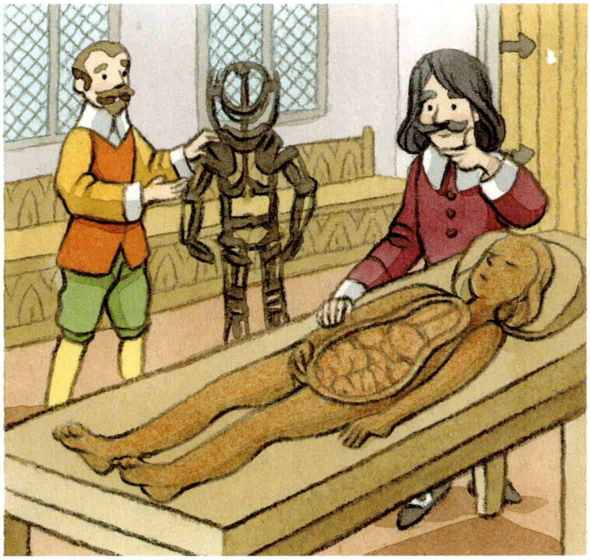

Vesal hält die Ergebnisse seiner Untersuchungen in einem Buch fest, das mehr als 300 Skizzen des menschlichen Körpers enthält. Diese Bilder sowie Holzmodelle und Skelette aus Eisen gehören von nun an zur medizinischen Ausbildung.

DER BLUTKREISLAUF

Im 17. Jahrhundert entdeckt der englische Arzt William Harvey, dass das Blut ständig durch den Körper gepumpt wird. Das ist der Blutkreislauf.

Mit einer einfachen Versuchsanordnung beweist der englische Arzt William Harvey, dass Blut beständig durch die Adern kreist: Wenn er an zwei Stellen am Arm gleichzeitig die Vene abdrückt, fließt das Blut so lange nicht weiter, bis er an einer Stelle den Druck aufgibt.

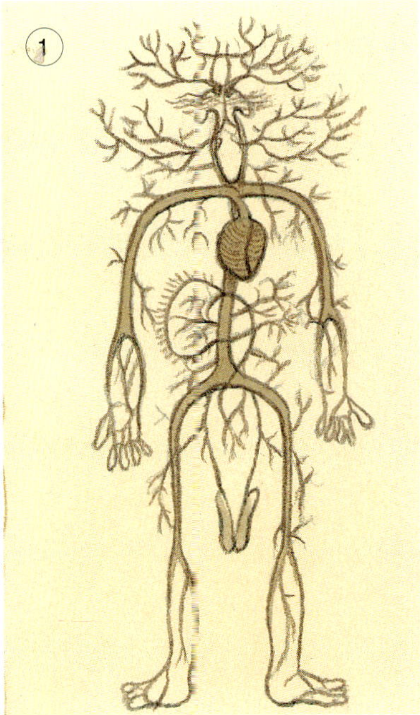

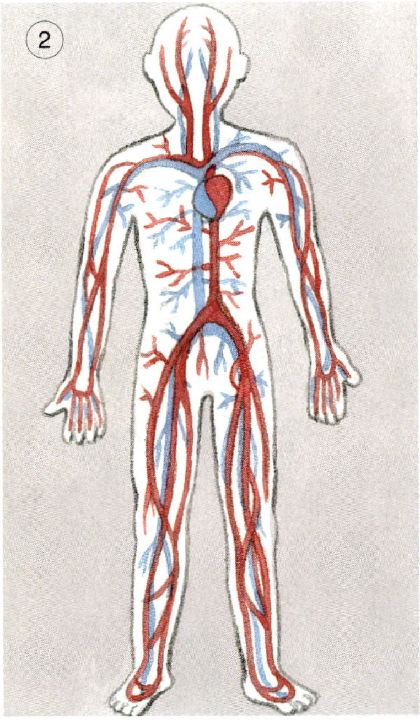

Man findet auch heraus, dass das Herz das Blut durch den gesamten Körper pumpt und ihn so mit Sauerstoff, Vitaminen usw. versorgt. Bild 1 zeigt eine sehr frühe Darstellung des Blutkreislaufs, Bild 2 entspricht den heutigen Kenntnissen der Medizin.

ABWEHR VON VIREN UND BAKTERIEN

Im 19. Jahrhundert entdeckt man mikroskopisch kleine Organismen, die für zahlreiche Krankheiten verantwortlich sind: Viren und Bakterien.

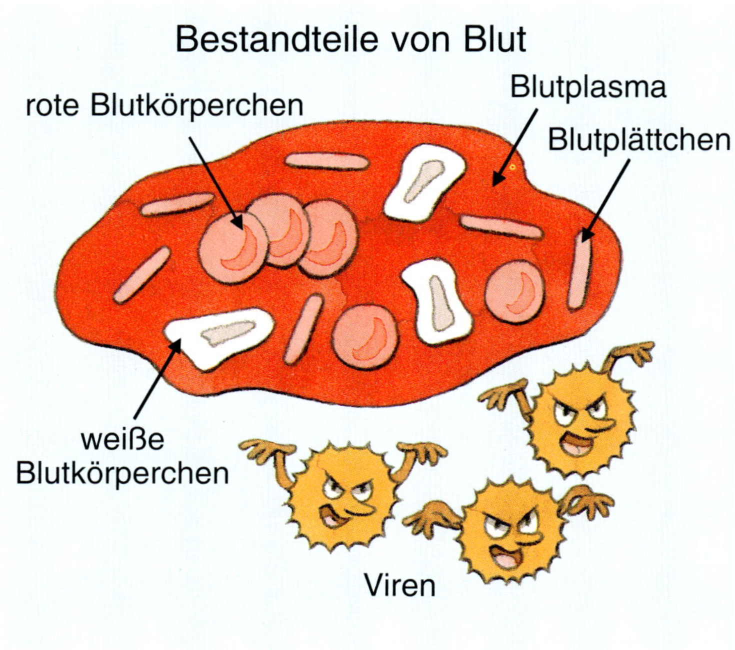

Durch Impfungen kann man sich vor vielen Viren schützen. Dazu bekommt man die Viren in stark abgeschwächter Form gespritzt. Die weißen Blutkörperchen reagieren auf den Eindringling und wehren sich mit Antikörpern. Dringt nun ein aktiver Erreger der gleichen Art ein, erkennen sie ihn wieder und setzen gleich die richtigen „Waffen" ein.

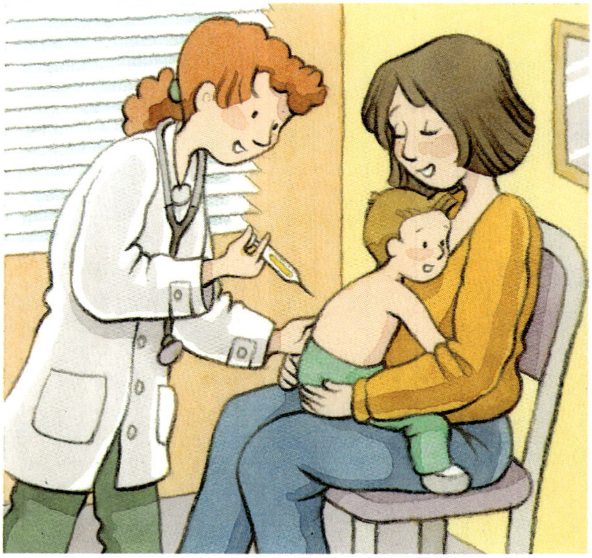

Der französische Chemiker Louis Pasteur entwickelt verschiedene Impfstoffe. Der Impfstoff gegen Tollwut wird erstmals 1885 an einem Kind angewendet. Heute werden Kinder gegen Tuberkulose, Kinderlähmung usw. geimpft.

1865 entdeckt ein englischer Chirurg, dass man Wunden und Operationsbesteck desinfizieren muss, um Entzündungen zu vermeiden. Keimtötende Mittel werden erfunden, die die Ausbreitung von Krankheiten eindämmen.

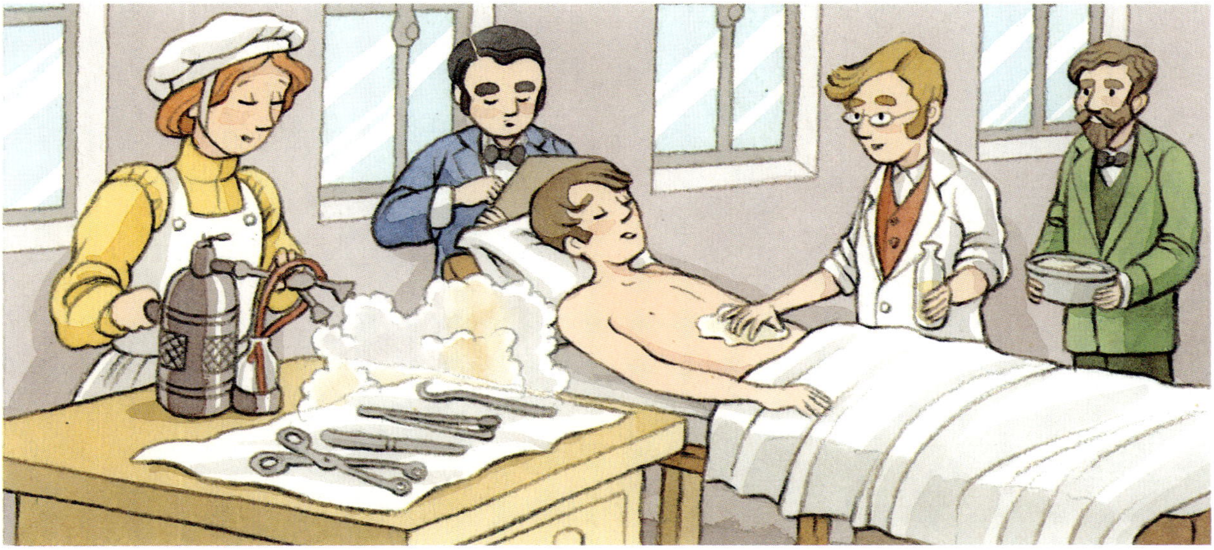

Auffallend viele Patienten des Chirurgen Lister sterben durch Wundinfektion. Er lässt daraufhin Operationssaal, Operationsbesteck und Wunden mit einer keimtötenden Flüssigkeit reinigen: Phenol. Die Sterberate geht zurück.

Der englische Arzt Fleming entdeckt mit Penizillin das erste Antibiotikum. Antibiotika sind Medikamente, die gegen Bakterien wirken. Dank dieser Arzneimittel kann man heute Krankheiten heilen, die früher oft tödlich endeten.

OPERATION OHNE NARKOSE

Sehr lange sind wirkungsvolle Schmerz- und Betäubungsmittel nicht bekannt, sodass Operationen sehr schmerzhaft sind.

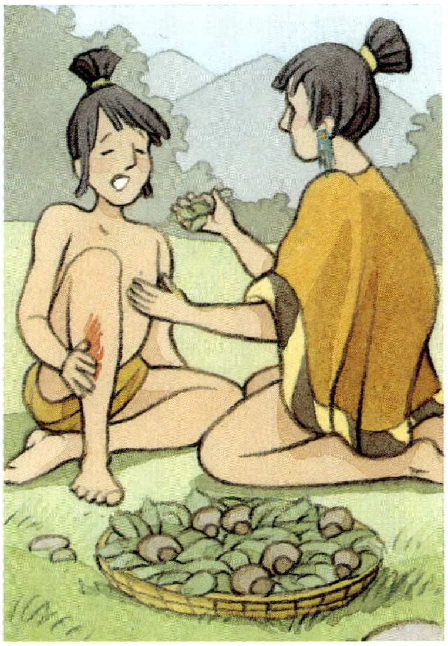

Um die Schmerzen zu lindern, geben die Maya Kranken Rauschmittel, die sie aus Pflanzen und Pilzen gewinnen. Im Mittelalter macht man die Patienten betrunken oder hält sie fest. Solche Operationen sind oft von zweifelhaftem Erfolg!

Im 19. Jahrhundert macht der amerikanische Chirurg Crawford Long Versuche mit Äther. Nach dem Einatmen brechen einige der Versuchspersonen in Gelächter aus, andere schlafen ein und sind schmerzunempfindlich. Das ermutigt den Arzt, Äther als Narkosemittel vor Operationen einzusetzen.

Einige Jahre später entdeckt ein Arzt namens Simpson ein neues Narkosemittel: Chloroform. Heute sind verschiedene Narkosepräparate auf dem Markt. Narkosefachärzte nennt man Anästhesisten.

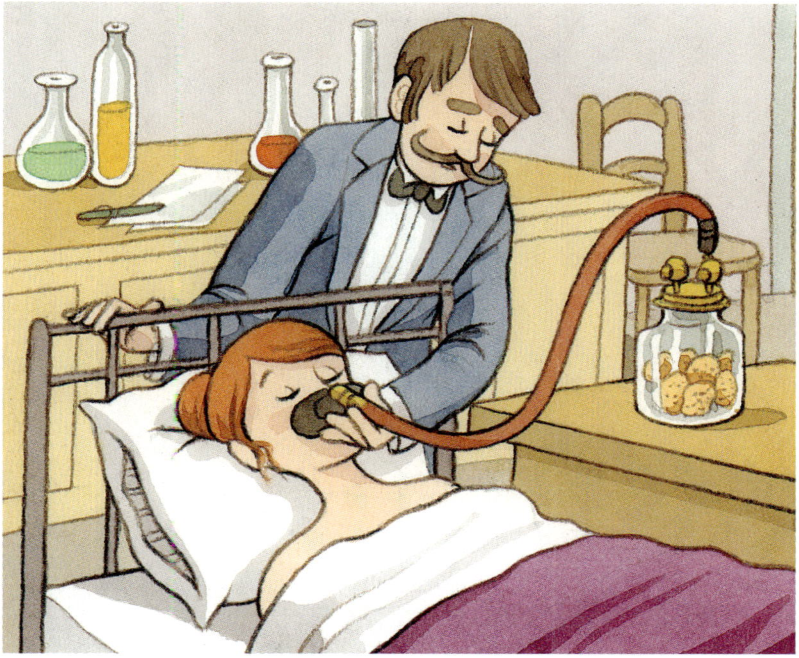

Chloroform wird lange Zeit verwendet: Ein Schlauch verbindet die Atemmaske mit einem Gefäß, das mit Chloroform getränkte Schwämme enthält. Der Patient atmet so die Chloroform-Dämpfe ein und schläft ein. Die Operation kann beginnen.

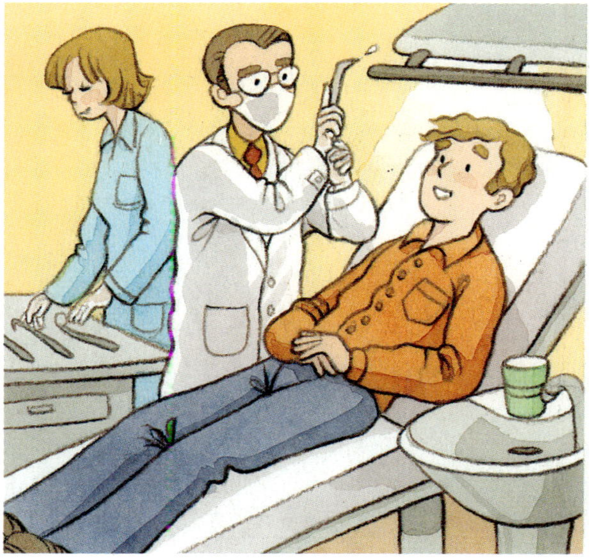

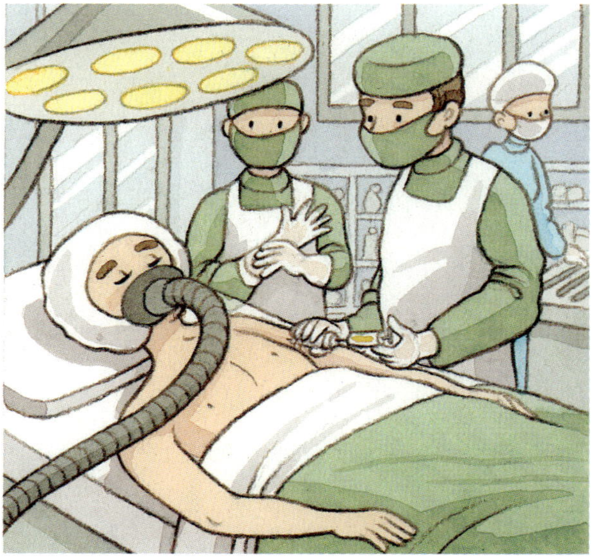

Heute kann man auch einzelne Körperstellen gezielt betäuben. Mit einer Spritze betäubt z. B. der Zahnarzt den Mundbereich, um ein Loch auszubohren. Nur bei schwereren Eingriffen wird der Patient ganz narkotisiert.

PROTHESEN

Um durch Krieg, Krankheit oder Unfall verlorene Gliedmaßen zu ersetzen, erfindet man die Prothesen.

Piraten verlieren bei ihren wilden Seeschlachten oft ein Bein oder einen Arm. Sie tragen dann einen Metallhaken wie Kapitän Hook oder ein Holzbein. Ein französischer Chirurg, Ambroise Paré, erfindet bewegliche Prothesen.

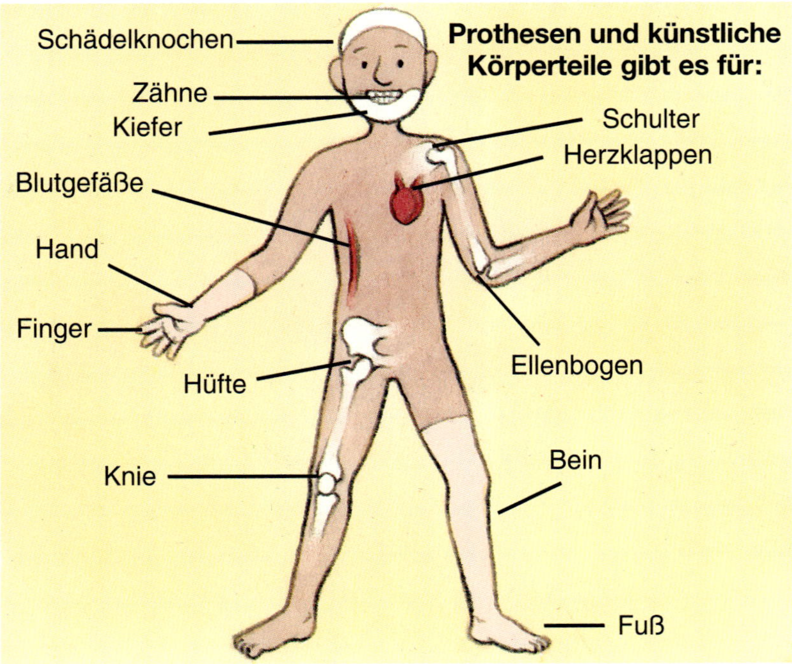

In jüngster Zeit ist es Chirurgen gelungen, Material (Plastik, Metall) zu entwickeln, das vom Körper nicht abgestoßen wird, d. h. keine Infektionen zur Folge hat. Dadurch sind die Ärzte in der Lage, viele kaputte Körperteile durch künstliche zu ersetzen: Knochen und Gelenke können so stabilisiert oder ganz ausgetauscht werden.

DAS STETHOSKOP

Der französische Arzt René Laennec ist der Erfinder des Stethoskops. Damit kann man Herz und Lunge des Patienten besser abhören.

Um den Herzschlag seiner Patienten genauer hören zu können, entwickelt Laennec einen Apparat, der Geräusche verstärkt. Dazu rollt er einen Stoß Papier fest zu einem Trichter zusammen. Später verwendet er eine Holzrolle, in die er eine Röhre bohrt.

Einige Jahre später entwickelt der Tscheche Joseph Skoda das Stethoskop in seiner heutigen Form. Mit diesem Gerät kann er sowohl die Lunge als auch das Herz abhören.

RÖNTGEN

1895 entdeckt der deutsche Wissenschaftler Wilhelm Röntgen ein Verfahren, das es möglich macht, Menschen zu durchleuchten: das Röntgen.

Wilhelm Röntgen experimentiert gerade mit Elektrizität, als er die Röntgenstrahlung entdeckt, mit der man den Körper durchleuchten kann. Die erste Röntgenaufnahme der Welt zeigt das Handskelett von Röntgens Frau.

Auch heute werden noch Röntgenaufnahmen gemacht, wenn der Arzt sehen will, ob ein Knochen gebrochen oder angebrochen ist.

ULTRASCHALL, COMPUTERTOMOGRAPHIE UND CO

Dank modernster Technik kann man den menschlichen Körper sehr genau untersuchen. Computer liefern gut erkennbare Innenaufnahmen.

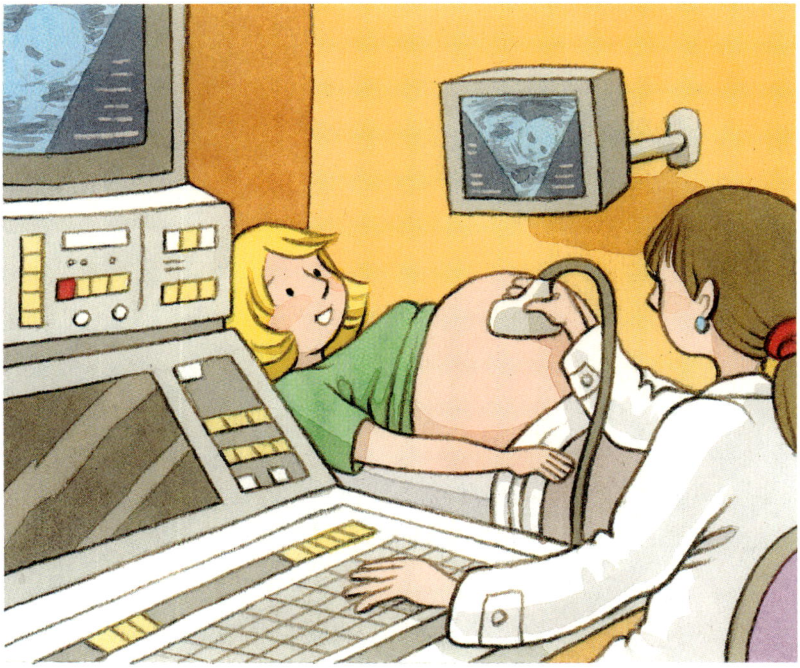

Beim Ultraschall werden kurze Schallwellen in den Körper gesendet, die zurückgeworfen werden. Dieses „Echo“ wird vom Computer in Bilder umgewandelt. Ultraschall wird seit 1960 medizinisch genutzt. Es dient z. B. dazu, die Entwicklung ungeborener Babys zu kontrollieren.

Bei der Computertomographie wird der Körper schichtweise geröntgt. So kann man krankhafte Veränderungen erkennen.

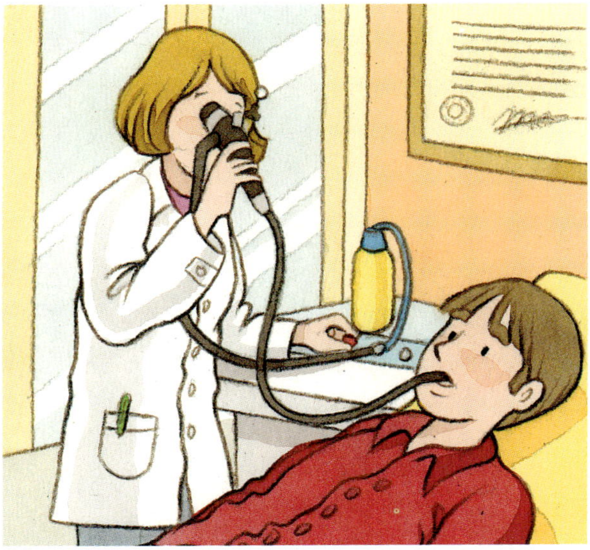

Bei der Endoskopie wird ein schmaler Schlauch durch den Mund eingeführt und liefert z. B. Bilder vom Magen.

ZAHNPFLEGE

Bis ins 19. Jahrhundert hinein gibt es keine richtigen Zahnärzte. Im Mittelalter behandeln Barbiere oder Wunderheiler Zahnschmerzen.

Im Mittelalter werden Zähne ohne Narkose im Freien gezogen – mit einer ganz normalen Zange.

Heute sind Zahnärzte sehr viel besser ausgestattet. Damit die Behandlung der Zähne nicht weh tut, kann man sich mit einer Spritze örtlich betäuben lassen.

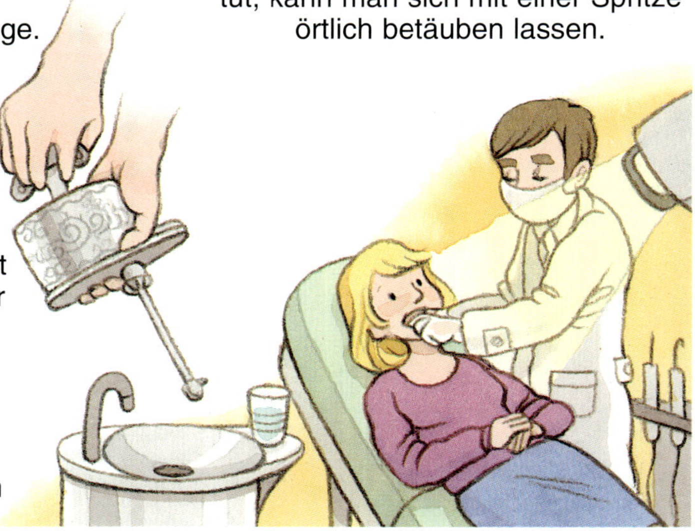

Im 19. Jahrhundert wird ein Bohrer erfunden, der mit einem Schlüssel aufgezogen wird. Damit behandelt man Karies.

Vor 4500 Jahren stellen die Ägypter Zahnersatz aus den Knochen von Nilpferden her.

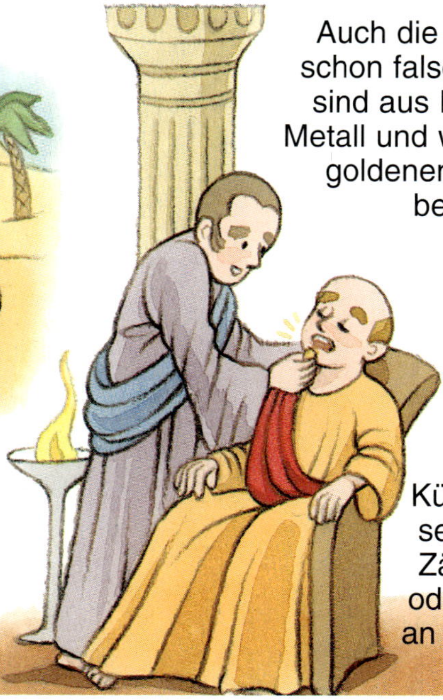

Auch die Römer haben schon falsche Zähne. Sie sind aus Elfenbein oder Metall und werden mit einer goldenen Zahnbrücke befestigt.

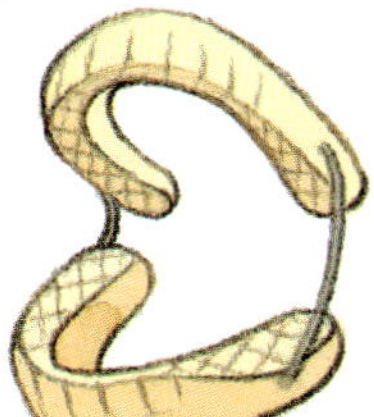

Künstliche Gebisse gibt es seit etwa 200 Jahren. Die Zähne sind aus Elfenbein oder Porzellan und werden an Metallschienen befestigt.

WÄRST DU EIN GUTER ARZT?

Auf den vorangegangenen Seiten hast du die wichtigsten Fortschritte der Medizin verfolgt. Aber kennst du auch die Antwort auf diese Fragen?

1 – Um Herz und Lungen abzuhören, benutzt man
- das Mikroskop
- das Stethoskop
- das Grammofon.

2 – Um die Entwicklung von Babys im Mutterleib zu kontrollieren, verwendet man
- Ultraschall
- Röntgenstrahlung
- Fotografie.

3 – Um bestimmte Bakterien zu bekämpfen, entwickelt Dr. Fleming
- ein Gegengift
- Antibiotika
- ein spezielles Gewehr.

4 – Louis Pasteur entdeckt einen Impfstoff gegen Tollwut. Wem rettet er damit zuerst das Leben?
- einem Hund
- einem Kind
- einem Fisch.

5 – Man betäubt Patienten vor der Operation mit
- Chlorophyll
- Chloroform
- Chlor.

6 – Kapitän Hook ist ein berühmter Pirat mit
- einem Holzbein
- einer Hakenhand
- einer Augenklappe.

Lösung: **1** – das Stethoskop **2** – Ultraschall **3** – Antibiotika **4** – einem Kind **5** – Chloroform **6** – einer Hakenhand.

F R Ü H G E S C H I C

Feuer machen

Nähen mit der Nadel

Töpfern

Weben

A N T I K E   M I T

Glas blasen

die Sonnenuhr

Geld

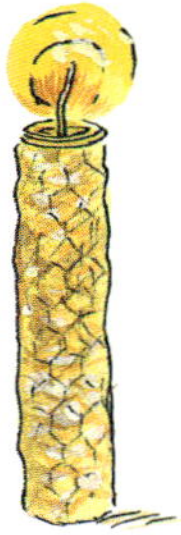
die Kerze

der Kompass

M O D E R N E

das Mikroskop

das astronomische Fernrohr

der Heißluftballon

das Auto

Impfstoffe

das Flugzeug

das Radio

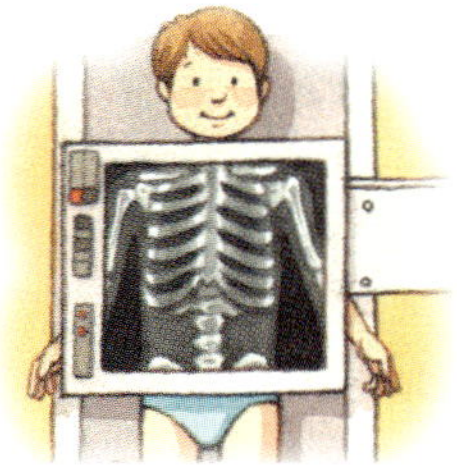
das Röntgen

H T E   A N T I K E

das Segelschiff

das Rad

die Schrift

der Holzpflug

E L A L T E R   R E N A I S S A N C E

das Spinnrad

die mechanische Uhr

die Brille

die Druckpresse

M O D E R N E

die Lokomotive

das Laufrad

die Glühlampe

das Telefon

die Filmkamera

das Fernsehen

der Computer

Satelliten

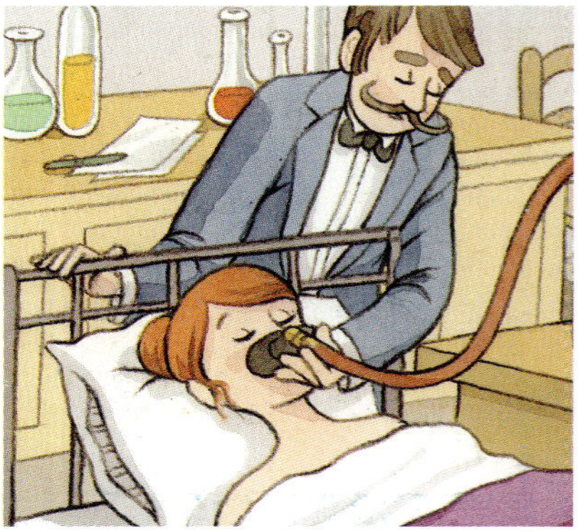